これだけ押さえればうまくいく！

教師1年目の国語授業のつくり方

加藤辰雄 著

学陽書房

はじめに

「国語科の授業に自信がないなあ」と思っている教師一年目のみなさんに向けて、『これだけ押さえればうまくいく！　教師1年目の国語授業のつくり方』を書いてみました。

現在の学校現場では、若い教師がたいへん多くなっています。新卒採用で、いきなり学級担任をもたされることも珍しくなく、たとえ新任教師であっても、即戦力として一人前の授業レベルが求められます。学校側からも、保護者側からも、若い教師の「早い成長」「早い上達」が期待されています。

しかし、今日の学校現場のように、毎日忙しい状況が続くと、授業技術を高めるためにじっくりと何冊も本を読んだり、ゆっくりと先輩教師に尋ねたりする時間がなかなかとれないものです。そのため自信をもって授業をすることができにくくなっています。とくに国語科は教えにくい教科で、「授業でどのように教えたらいいのかよくわからない」というのが本音ではないでしょうか。

国語科の授業では、「深い学び」を生み出す授業を実現することをめざします。そのためには、国語科の授業づくりの基礎・基本をしっかり押さえ、授業を成功に導く教材研究スキルと授業の基本スキルを身につけることが大事です。

本書が、読者のみなさんの国語科の授業づくりに役立てばうれしく思います。

二〇二四年二月

加藤辰雄

もくじ

第1章 まずはこれだけ！ 国語授業づくりの基礎・基本

第2章 土台づくりはここから！ 国語授業の準備のポイント

第3章

国語授業を成功に導く！ 授業者必須の基本スキル

第4章

思考力・対話力・協働力を育む！話し合い・グループ学習

第5章

定番教材のポイントがわかる！
教材研究スキルと実践ガイド〈物語〉

第6章

定番教材のポイントがわかる！
教材研究スキルと実践ガイド〈説明文〉

第1章

まずはこれだけ！
国語授業づくりの基礎・基本

0 学習活動の目的を明確にする

国語科の授業における活動の目的を明確にする

国語科の授業では、さまざまな活動が行われます。物語や説明文の授業では、「音読をする」「語句の意味調べをする」「初発の感想を書く」「学習課題や振り返りを書く」「グループで話し合う」「登場人物を探す」「場面分けをする」「クライマックスを読む」「文章構成を読む」「要点をまとめる」などです。

これらの活動をさせるときに大事なのは、「何のために活動させるか」という目的をはっきりさせることです。例えば、音読は大事だからと機械的に行うのではなく、音読を正確にすることで、文章の細部に気をつけさせるために行う、初発の感想を書かせるのは終わりの感想と比較させ、読みの過程を振り返らせるために書かせると目的をはっきりさせるのです。

また、国語科の授業では「話し合い活動」がよく行われますが、子どもがそれぞれの考えを発表するだけで終わってしまい、何を追究するための話し合い活動なのかが曖昧になりがちです。例えば、物語のクライマックスを探す授業で、子どもたちは考えを出し合い、話し合いますが、結論が出ません。そこで、教師が「いろいろな意見が出たけれど、この物語のクライマックスは○○です」と正解を示して終わりにしてしまいます。そうではなく、「話し合い活動」では、多様で異質な見方を交流させるための話し合いか、正答に近づき結論に到達させるための話し合いかをはっきりさせることが大事です。

国語科の授業における活動の目的を明確にする

- 音読をする
- 初発の感想を書く
- グループで話し合う
- 場面分けをする
- 文章構成を読む
- 語句の意味調べをする
- 学習課題や振り返りを書く
- 登場人物を探す
- クライマックスを読む
- 要点をまとめる

これらの活動は何のためにするのか
はっきりさせることが大事です

音読を正確にさせて、
文章の細部に気をつけさせよう

初発の感想を書かせて、終わりの感想と
比較させ、読みの過程を振り返らせよう

1 授業を成功に導く教材研究をする

教材を何度も読み、書き込みをする

教材研究は、授業で扱う教材をコピーするところから始めます。コピーはすべてA4判にします。拡大・縮小しても読みやすいし、広い空間は書き込みをするのに好都合だからです。教材は何度も何度も読むようにします。読むたびに新しい気づきが生まれ、新しい発見があるからです。

例えば、物語「お手紙」（光村図書『こくご二下』令和六年度版）の『ああ。』／がまくんが言いました。／『とても　いいお手紙だ。』では、「ああ。」と「とても　いいお手紙だ。」の間に一文を挟むことによって、感動したことがより伝わることに気づきます。また、「お手紙」の表現を原文で見ると、かえるくんが書いたときは「a letter」であったのが、がまくんに届いたときは「The Letter」となっています。がまくんがもらった手紙は、唯一の特別な手紙であることに気づきます。

このように、教材研究では、何度も何度も読み進めながら、次のようなことをするといいでしょう。

・「いい表現だな」「すばらしい表現技法だな」と思ったところに線を引く
・「これはキーワードだな」と思ったところを四角で囲む
・「読み取りがむずかしいだろうな」と思ったところに◎をつける
・「子どもがまちがえるだろうな」と思ったところに「?」をつける

教材を何度も読み、書き込みをする

（例）物語「お手紙」

「ああ。」
がまくんが言いました。
「とても　いいお手紙だ。」

「ああ。」と「とても　いいお手紙だ。」の間に
一文を挟むことによって、より感動が伝わるな

かえるくんが書いたときは「a letter」なのに
がまくんに届いたときは「The Letter」になっているな。「The」は唯一の特別な手紙であることを表しているな

書き込みのしかた

- 「いい表現だな」「すばらしい表現技法だな」と思ったところに線を引く
- 「これはキーワードだな」と思ったところを四角で囲む
- 「読み取りがむずかしいだろうな」と思ったところ◎をつける
- 「子どもがまちがえるだろうな」と思ったところに「？」をつける

2 流れを意識して授業を組み立てる

「導入→展開→終末」の学習過程を設定する

授業では、流れや節目を意識して授業を組み立てることが大事です。授業は多くの場合、「導入→展開→終末」という流れで構成されます。「導入」のポイントは、「おもしろそうだな」「早く勉強したいな」という思いを子どもたちにもたせることです。例えば、物語「お手紙」（光村図書『こくご二下』令和六年度版）には、がまくんとかえるくんがかなしそうに手を組んでいる挿絵とうれしそうに肩を組んでいる挿絵があります。これらの挿絵は、中心人物の気持ちの変化をはじめとおわりで対比的に描いています。そこで、「がまくんとかえるくんに何があったのかな？」と問いかけ、「詳しく読んでみたい」という読む動機づけをするのです。

「展開」のポイントは、「わかった！」「できた！」という思いを子どもたちにもたせることです。そのためには、しっかり教材研究をして授業展開の過程を子どもたちのわかる筋道にのっとったものにします。教師が一方的に説明してわからせるのではなく、子どもたちに思考活動や発見活動をさせることが大事です。

「終末」のポイントは、学習を振り返ってまとめをさせることです。振り返りでは、「今日の学習でわかったこと」「今日の学習で大事なこと」「今日の学習でがんばったこと」を明らかにします。

「導入→展開→終末」の学習過程を設定する

導入　**「おもしろそうだな」「早く勉強したいな」という思いをもたせる。**

（例）物語「お手紙」

はじめの絵

かなしそうに手を組んでいる

おわりの絵

うれしそうに肩を組んでいる

がまくんとかえるくんに何があったのかな？

展開　**「わかった！」「できた！」という思いをもたせる**

がまくんはかえるくんから「きみが　ぼくの親友であることを、うれしく思っています。」というお手紙をもらったから、かえるくんと肩を組んでいるんだ

終末　**学習を振り返り、まとめをさせる**

3 授業に「対話的な学び」を位置づける

「対話的な学び」で全員参加の授業をつくる

国語科の授業でよく行われているのが、「教師――子ども」の問答中心の授業です。教師が問いかけ、子どもがそれに答え、最後は教師が解説して終わるという授業です。このような授業では、教師に指名された一部の子どもしか発言することができず、全員の発言が保障されません。しかし、グループでの「対話的な学び」を授業の中に位置づければ、すべての子がグループでの話し合いで発言することができ、全員参加の授業をつくることができます。

「対話的な学び」で自分の思考を整理し意識化し再構築する

グループでの対話は、自分が頭の中で考えたことを聞き手にわかるように整理して伝えないとうまくいきません。自分では「わかっているんだけれど、うまく言えない」という状態が、対話を取り入れることによって自分の思考を整理したり意識化したり再構築したりできるようになっていきます。

授業中に、黙っていても一定の学びはできますが、自分の思考を整理し意識化し再構築することはできません。しかし、グループで対話すれば、すべての子にその機会が与えられます。そして、対話により子ども相互の異質な意見がかかわり合い、新しい発見が生まれ、深い学びを実現することができます。

「対話的な学び」で全員参加の授業をつくる

物語「お手紙」で、なぜがまくんは「とても　いいお手紙だ。」と言ったのかな？

子ども一人一人の思考（自力思考）

↓

グループでの話し合い（意見交流・対話）

「対話的な学び」で自分の思考を整理し意識化し再構築する

物語「一つの花」のクライマックスは「ゆみ。さあ、一つだけあげよう。一つだけのお花、大事にするんだよう――。」です。
何が大きく変化しているかな？

いろいろな変化に気づいたよ

これまでは食べ物を渡していたのに、花を渡している

泣いていたゆみ子が足をばたつかせてよろこんだ

「一つだけ」の意味がかけがえのない大切なものという意味に変わっている

「一つだけ」のものをお母さんが与えていたのに、最後はお父さんが手渡した

4 「対話的な学び」の学習過程のポイント

「対話的な学び」を実現する授業展開にする

学習過程は、「導入→展開→終末」という流れになります。「導入」では、学習課題を設定します。学習課題は、子どもたちが考えてみたくなるもの、子どもたちが迷い揺れ試行錯誤するものが適しています。それは、「対話的な学び」を実現する授業をつくることができるからです。

「展開」では、まず子ども一人一人が学習課題について自力思考します。次にグループでの話し合いを行い、さらに学級全体での話し合いを行います。グループでの話し合いは、課題解決に向けて考えを広げたり、深めたりするうえで、たいへん重要なものです。しかし、これだけでは学習課題を解決することができない場合が多いので、次に学級全体の話し合いを行います。それでも、学習課題が解決できない場合には、数回にわたって「グループでの話し合い→学級全体での話し合い」を行い、学習課題を自力で解決していくように導きます。このように、授業の中に「子ども一人一人の自力思考」↔「グループでの話し合い」↔「学級全体での話し合い」の学習過程を設定すると、子ども一人一人の考えが広がったり深まったり高まったりします。

「終末」では、子どもたちが自らの学習課題を振り返り、どのような学びの過程があったのか、どのような交流・話し合いがあったのかを明らかにし、次の学習につなげていきます。

「対応的な学び」を実現する授業展開にする

導入　学習課題の設定

↓

展開
子ども一人一人の思考（自力思考）
↓↑
グループでの話し合い（意見交流・対話）
↓↑
学級全体での話し合い
（グループの発表→意見交流・対話）

↓

終末　振り返り

学習課題が解決できない場合は、
「展開」の過程を数回くり返します！

5 どんどんほめて全員参加の授業をつくる

発言意欲や発言内容を励ましたり、ほめたりする

国語科の授業では、子どもたちに自分の考えを発言させることが大事です。それは、子どもたち全員に発言させることで全員参加の授業をつくることができるからです。また、発言するためには、自分の考えを相手にうまく伝えようと考えを整理し、何と何をどういう順番で言えばいいかを判断する必要があるので、思考を再構築することにもなるからです。

子どもたちが安心して発言できるようにするには、教師が子どもたちをどんどんほめて、自信をもたせることが大事です。まず、発言内容がまちがっていたり、ズレていたりしても、「進んで発表できたね」と発言したことをほめます。発言の声が小さくても「どんな声でも聞こえるから大丈夫だよ」と励まし、発言し終わったら「しっかり言えたね、がんばったね」とほめます。

次に、発言内容にかかわって励ましたり、ほめたりします。例えば、「ごんぎつねは、人間にたとえるとだいたい何歳くらいだろう?」と考えているときに、「『小ぎつね』と書いてあるので、子どもではないと思う」という発言に対して、「なるほど!」「さすが!」などと言葉単位でほめたり、「先生も気がつかなかった」などと文単位でほめたりします。授業の終末には、グループ内で発言できた子ども、学級全体で発言できた子どもに挙手させ、「たくさんの人が発言できたね。すばらしい!」とほめます。

発言意欲や発言内容を励ましたり、ほめたりする

▶ 発言意欲をほめる

なぜ、ごんぎつねはつぐないを続けたのか？

いたずらでうなぎを逃したから

進んで発表できたね

つぐないをしても兵十が気づいてくれないから

しっかり言えたね。がんばったね

▶ 発言内容をほめる

ごんぎつねは、人間にたとえるとだいたい何歳くらいか？

「小ぎつね」と書いてあるので、子どもではないと思う

なるほど！

さすが！

先生も気づかなかった

6 導入で子どもの「おもしろい！」に火をつける

「あれ、ちょっと変だな？」と思う内容を示す

授業は、「導入」→「展開」→「終末」と進めていくのが一般的です。とくに導入では子どもたちに「おもしろい！」「早く勉強したい！」という思いをもたせることが大事です。そこで、子どもたちが「あれ、ちょっと変だな？」と思う内容を示して、興味・関心をもたせるようにします。

例えば、説明文「じどう車くらべ」（光村図書『こくご一下』令和六年度版）では、「①バス・じょうよう車→②トラック→③クレーン車」という事例の順序で説明されています。この事例の順序に込めた「よく見る車→あまり見ない車」という筆者の意図を読み取るために「①クレーン車→②バス・じょうよう車→③トラック」の順序で、自動車の挿絵を黒板に貼り、『じどう車くらべ』のお話は、こんな順序だったよね」と教師がつぶやきます。すると、子どもたちは「ちがうよ！」と騒ぎ出します。そこで、「なぜ、教科書の順番で説明しているのでしょうか？」と問いかけ、筆者の意図を読み取らせます。

物語「大造じいさんとガン」（光村図書『国語五』令和六年度版）では、大造じいさんは「ウナギつりばり作戦」「タニシばらまき作戦」「ガンのおとり作戦」の三回、作戦を行っています。最後の場面に大造じいさんの『ひきょうなやり方でやっつけたかあないぞ。』という言葉があるので、これらの作戦の中に「ひきょうなやり方」があるかどうかを考えさせます。子どもたちはおもしろがって考えます。

「あれ、ちょっと変だな？」と思う内容を示す

（例）説明文「じどう車くらべ」

バス・じょうよう車の絵 → トラックの絵 → クレーン車の絵　教科書の順序

クレーン車の絵 → バス・じょうよう車の絵 → トラックの絵　入れ替えた順序

なぜ教科書の順序で説明しているのかな？

（例）物語「大造じいさんとガン」

ウナギつりばり作戦
タニシばらまき作戦
ガンのおとり作戦

どの作戦がひきょうなやり方かな？

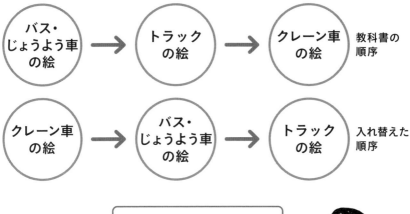

7 正解をはっきり示して「わかった！」と実感させる

授業では正解をはっきり示す

「国語科の授業が苦手だな」と思っている教師はたくさんいるのではないでしょうか。それは、他の教科に比べて「何をどのように教えたらよいかわからない」「答えがはっきりしない」からです。国語科の授業では、いつももやもやした気持ちになり、自信をもって子どもたちに教えることができなくなっていませんか。例えば、物語の授業で、「このときの中心人物の気持ちを考えよう」といった発問がよく見られます。子どもたちにさまざまな考えを発表させ、「それもいいね」とすべて受け入れてしまい、答えを曖昧にしたり、最後に教師が「中心人物はこういう気持ちだったんだよ」と示して終わったりします。このような授業では、子どもたちは「わかった！」という実感をもつことができません。

そこで、教師はしっかりと深い教材研究をして、学習課題についての正解をはっきりさせることが大事です。そうすれば、「それもいいね」とすべての考えを容認することはなくなります。例えば、物語「海の命」（光村図書『国語六』令和六年度版）の『おとう、ここにおられたのですか。また会いに来ますから。』／こう思うことによって、太一は瀬の主を殺さないで済んだのだ。」の読み取りで、「瀬の主（クエ）を父だと思った」と読む子どもがいます。しかし、「こう思うことによって」と書かれているので、実際にはそう思っているのではないことがわかります。このことをはっきり押さえます。

授業では正解をはっきり示す

なぜ、太一はクエを殺すことをやめたのですか？
「おとう、ここにおられたのですか。また会いに来ますから。」と書いてあるので、クエをおとうだと思ったから
「こう思うことによって」と書いてあるので、クエをおとうだとは思っていないけれど、むりやり思うことにしたから
どちらの考えが正しいですか？
クエをおとうだと思っていない！
そうだね

8 教師の言葉の使い分けで子どもは「わかる！」

教師の話す言葉を意識的に使い分ける

国語科の授業において、教師は子どもたちに教材内容をわからせようとして、つい話しすぎてしまうことがよくあります。これを克服するには、教師が学習指導のために使う言葉を意識することが大事です。教師の話す言葉には「説明」「指示」「発問」の三種類があります。どの言葉も教材内容をわからせるために使う言葉ですが、これらを意識的に区別して使い分けると、授業がわかりやすくなります。

例えば、物語「ごんぎつね」（光村図書『国語四下』令和六年度版）の最後の場面で、兵十は、それまでごんを憎んでいたのに、ごんに対する見方が変化しますが、それを次のように読み取らせます。

- **「兵十は『ごんぎつねめ』と憎んでいたのに、最後の場面でごんに対する見方が変化します」（説明）**
- **「ごんに対する見方の変化がわかる言葉に線を引きましょう」（指示）――「ごん、おまいだったのか、いつも、くりをくれたのは。」の中から、「ごん」「おまい」に線を引かせます**
- **「これらの言葉から、兵十とごんの関係はどのように変化しましたか？」（発問）――兵十とごんのすれちがいがかなり解消して、「人間と獣」という関係から「人間と人間」のような関係、つながり合えない冷たい関係から親しく温かい関係に変化していることに気づかせます**

このように、教材内容をわからせるためには、教師の話す言葉を意識的に使い分けることが大切です。

教師の話す言葉を意識的に使い分ける

教師の話す言葉

(例)物語「ごんぎつね」

説明

> **兵十は「ごんぎつねめ」と憎んでいたのに、最後の場面で、ごんに対する見方が変化します**

指示

> **ごんに対する見方の変化がわかる言葉に線を引きましょう**

- **「ごん」「おまい」**

発問

> **これらの言葉から、兵十とごんの関係はどのように変化しましたか？**

- **「人間と獣」の関係　→　「人間と人間」のような関係**
- **つながり合えない冷たい関係　→　親しく温かい関係**

9 子どもの「わかる!」を引き出す効果的な話し方

話し声に強弱の変化をつける

教師が学習内容の説明を一本調子で話すと、子どもたちはだんだんと集中しなくなります。たとえ、その声が大きくても、同じ調子の声が長く続くと、集中できなくなるのです。話し方は、変化をつけることが大事です。そこで、話し声に強弱の変化をつけると、子どもたちの集中は続くようになります。強調したい事柄を強く言うと、子どもたちは「重要なんだな」と受けとめてくれます。例えば、「敬語」という言葉を教える場合には、「わたしたちは、聞き手や会話の中に出てくる人などに対して敬意を表すために、必要に応じてていねいな言葉づかいをします。これを、敬語といいます」と説明します。その際、「これを、敬語といいます」の箇所を強く言って、強調するのです。

話し方に緩急の変化をつける

教師が学習内容を説明するとき、ゆっくりと話すとわかりやすくなります。一般的には、話す速さは、一分間に三五〇字くらいが聞き取りやすいといわれています。ただし、いつも同じ速さで話していると単調になってしまいます。そこで、話す速さに変化をつけます。ふつうの速さで話していて、大事な箇所ではゆっくりと話すようにすると変化が生まれ、子どもたちは集中するようになります。

話し声に強弱の変化をつける

わたしたちは、聞き手や会話の中に出てくる人などに対して敬意を表すために、必要に応じてていねいな言葉づかいをします

ふつうの声で話す

これを、敬語といいます

強い声で話す

話し方に緩急の変化をつける

わたしたちは、聞き手や会話の中に出てくる人などに対して敬意を表すために、必要に応じてていねいな言葉づかいをします

ふつうの速さで話す

これを、敬語といいます

ゆっくりと話す

10 教師の立ち位置の工夫で集中と学び合いをつくり出す

発問するときの立ち位置と答えを聞くときの立ち位置を工夫する

教師は学習指導の場面で、教室の中のどこに立っているべきかを意識することが大事です。発問をするときの教師の立ち位置は、全員の子どもを一度に見渡すことができる正面黒板の中央です。そこにしっかり立てば、全員の子どもが教師のほうを向いて集中しているかがわかり、一度の発問でその内容を全員の子どもに伝えることができます。

また、教師の発問についての子どもの答えを聞くときの教師の立ち位置も大事です。例えば、教師の発問に一番前の席に座っている子どもが答えようとしていたとします。そのときに教師がそのすぐそばでその子どもの発言を聞いていると、その子どもと教師だけの問答になってしまい、ほかの子どもたちはその問答から取り残されて傍観者になってしまいます。

そこで、そういう場合は、教師はその子どもからできるだけ離れた位置に移動し、その子どもとの間に多くの子どもたちを抱え込むように立ち、問答をします。このようにすると、前方の席の子どもは自然と後方を向き、多くの子どもたちのほうを向いて発言するようになります。「みんなのほうを向いて発言しましょう」といちいち言わなくても、教師が立ち位置を変えるだけで、子どもたちが互いの顔を見ながら学び合う授業にすることができます。

第
1
章
基礎・基本

教師が発問するときの立ち位置を工夫する

教師が答えを聞くときの立ち位置を工夫する

11

教師の姿勢・動きと視線で子どもの心をグッとつかむ

声が小さい子どもが発言しているときの姿勢・動き

声が小さい子どもが発言してよく聞こえない場合は、教師はその子どものそばまで行って発言を聞くようにします。そして、教師がその子どもの発言を学級全体にもう一度言い直してあげます。その際、教師はその子どものそばにいても、姿勢や視線はほかの子どもたちのほうに向け、子どもたちの集中力がなくならないようにします。

子どもにヒントになる助言をするときの姿勢・動き

発問について考えさせる場面では、教師は困っている子どもやグループのところに行って、ヒントになる助言をします。その際、その子どもやグループだけに聞こえるような小さな声で助言をします。助言をほかの子どもたちにも聞かせたい場合には、わざと学級全体に聞こえる声で助言します。

教師は子どもたちの視線をしっかり受けとめて、しっかり送る

授業では、教師は子どもたちの視線をしっかり受けとめ、こちらからもしっかり視線を送ることが大事です。このようにすると、子どもたちの状況を的確につかんで授業を展開することができます。

声が小さい子どもが発言しているときの姿勢と動き

○○さんは
〜〜と
発言してくれました

子どもにヒントになる助言をするときの姿勢と動き

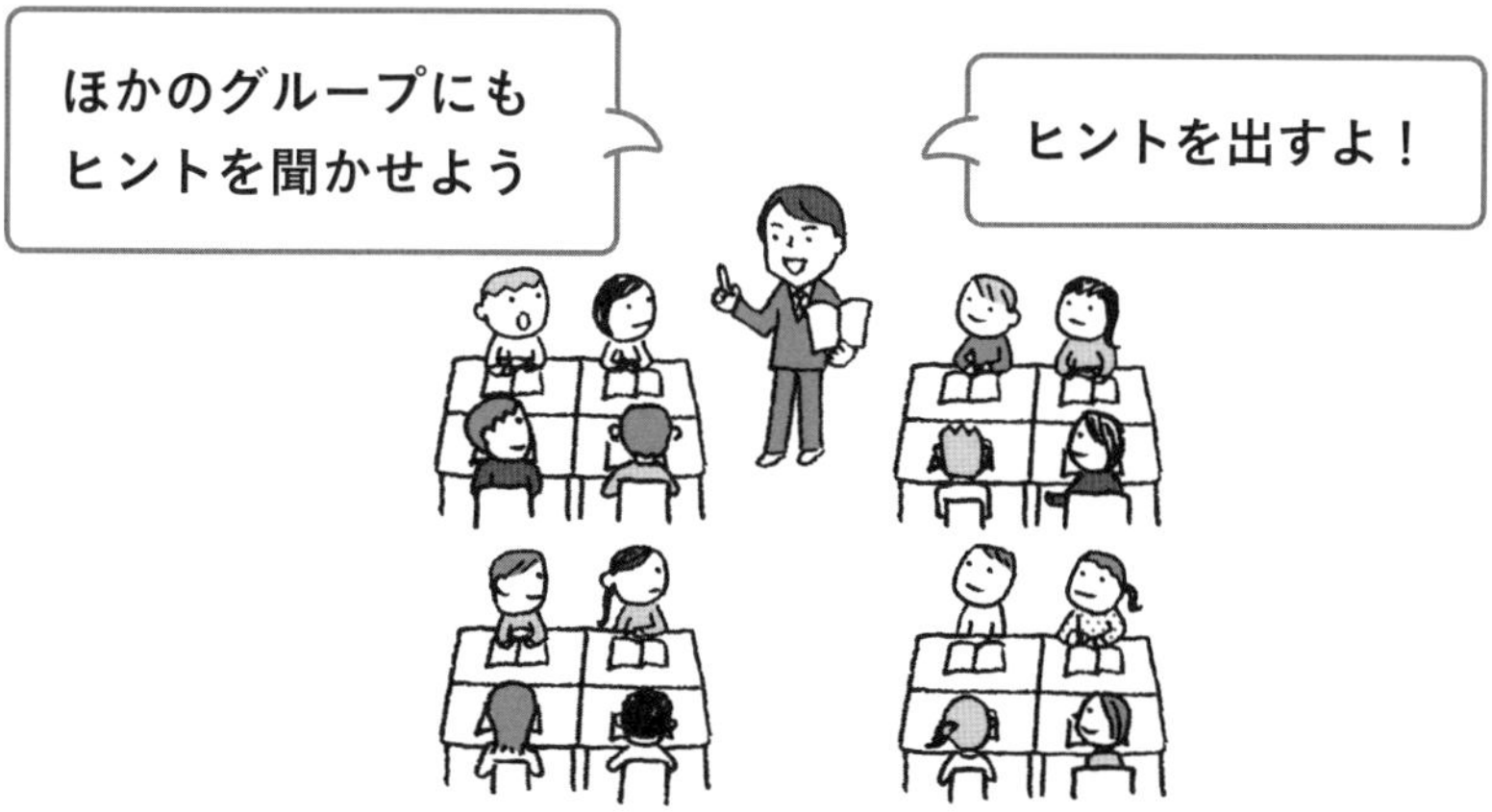
ほかのグループにも
ヒントを聞かせよう
ヒントを出すよ！

教師は子どもたちの視線をしっかり受けとめて、しっかり送る

?
A
B
C
D
Aくんは理解できていないな。Bくんは集中力がなくなってきたな

12

授業ルールのつくり方と定着のさせ方

子どもたちと合意しながら授業ルールをつくる

教師が一方的に授業ルールを子どもたちに示し、守らせようとしてもうまくいきません。授業は子どもたちと教師が共につくる活動です。したがって、子どもたちの意見や要望を聞きながら、子どもたちが納得する授業ルール、つくってよかったと思える授業ルールにします。そうすれば、子どもたちから授業ルールを守ろうとする意欲を引き出すことができます。

少しずつ順々に授業ルールをつくる

授業ルールを最初から一度に全部つくって実践してみてもうまくいきません。授業ルールの数が多すぎるのです。最初は「授業の準備をして待つ」「授業の始まりと終わりは集中する」「指名されてから発言する」「合図があったら素早く集中する」など、最低限必要な授業ルールから始めます。

授業ルールの定着度を評価し、定着した授業ルールを掲示する

授業ルールは、くり返し実践し評価します。定着した授業ルールは、取り組みの成果として、掲示物にして貼り出し、自分たちのがんばりをみんなで共有し合うようにします。

授業ルールのつくり方

子どもたちと合意しながらつくる

しっかりと勉強をするために、「早く席に着き、授業の準備をして待つ」というルールをつくりたいけれど、賛成してくれますか？

賛成！

少しずつ順々に授業ルールをつくる

授業をするうえで、最低限必要な授業ルールをつくることから始めよう！

授業ルールの定着のさせ方

授業ルールの定着度を評価し、定着した授業ルールを掲示する

授業中に合図があったら素早く集中することができるようになったね

すばらしい！

これを「授業ルールの掲示物」に書き込んで、学級の宝にするね

13 授業ルールで集団的学びを保障する①

授業に臨む姿勢に関するルール、発言のしかたに関するルール

授業では、教師と子どもたちとの間にかわす約束事、すなわち授業ルールが必要です。それは、子どもたちの集団的学びを保障するためです。授業ルールには、次のようにいろいろなものがあります。

（1）授業に臨む姿勢に関するルール

①早く席に着き、授業の準備をして待つ

個人まかせにせずに、隣どうしや学習グループ内で声をかけ合うようにします。

②授業の始まりと終わりはきちんと集中する

いすにきちんと座り、正面を向いて集中させます。そして、授業に臨む姿勢をつくり出します。

（2）発言のしかたに関するルール

①教師に指名されてから発言する

教師の発問に対して、指名されていないのに勝手に答えることを許してしまうと、発言が一部の反応の早い子ども、発言力のある子どもの独壇場になってしまいます。そこで、挙手して指名されてから発言させます。授業の場面によっては、例外的に指名なしで自由に発言させることもあります。その際には、教師は「自由にどんどん発言してください」と言葉をかけます。

授業に臨む姿勢に関するルール

①早く席に着き、授業の準備をして待つ

○○さん、教科書と国語
ノートは出している？

②授業の始まりと終わりは きちんと集中する

発言のしかたに関するルール

①教師に指名されてから発言する

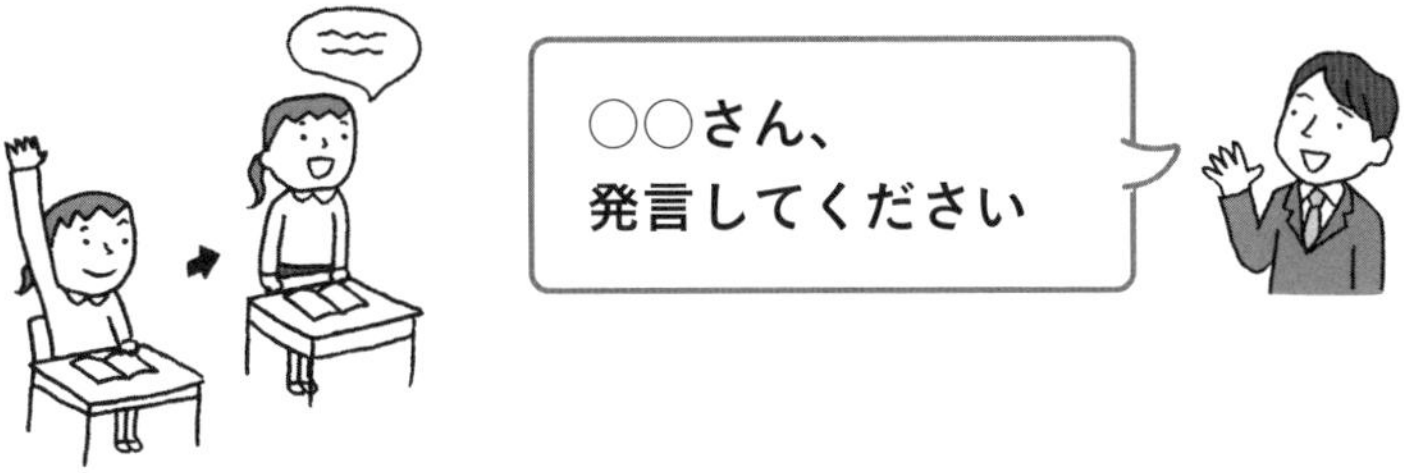
○○さん、
発言してください

例外的に自由に発言する

自由にどんどん
発言してください

14 授業ルールで集団的学びを保障する②

集中のしかたに関するルール、話し方・聞き方に関するルール

(1) 集中のしかたに関するルール

①合図があったら素早く集中する

子どもたちを集中させるときには、「こちらを見て!」ときっぱりと言います。そして、「○班が早く集中できました」などとグループ単位で評価します。言葉の代わりに黒板を軽くたたいたり、手を打ったりして合図をするのもいいでしょう。

②指示があるまではノートをとらない

ノートをとることに集中すると、教師の話を聞き逃してしまう危険があります。

(2) 話し方・聞き方に関するルール

①発言者は体を聞き手のほうへ向けて話す

②結論を先に述べ、あとから理由を述べる

③「○○さんの考えに賛成です」などと、友だちの考えにかかわらせて話す

④聞き手は話し手の目を見て、うなずきながら聞く

集中のしかたに関するルール

①合図があったら素早く集中する

②指示があるまではノートをとらない

話し方・聞き方に関するルール

①発言者は体を聞き手のほうへ向けて話す

②結論を先に述べ、あとから理由を述べる

私の考えは
○○です。
そのわけは～～

私の考えは
○○です。
その理由は～～

③友だちの考えにかかわらせて話す

○○さんの
考えに賛成です。
～～

○○さんの
考えに反対です。
～～

④聞き手は話し手の目を見て、
うなずきながら聞く

COLUMN 1

発問は黒板に書いたほうがいいのか？

子どもたちは発問によっていろいろと考え、自分なりに一つの考えをもとうとします。その際に、板書内容に発問が書かれていると、発問内容を確認し、思考することができます。また、発問（問い）に対する答えを板書すると、授業の振り返りのときにも役立ちます。例えば、西郷竹彦訳しおろしの物語「おおきな　かぶ」（光村図書『こくご一上』令和六年度版）を読み取る学習で「かぶは　ぬけません。」の前に「けれども」「それでも」「やっぱり」「まだまだ」「なかなか」があることに気づかせるために、「『○○○○、かぶは　ぬけません。』の○○○○には、どんな言葉が入りますか？」と発問します。そして、黒板には「○○○○に入る言葉は？」と発問内容を短くして板書します。

子どもたちが見つけた「けれども」「それでも」「やっぱり」「まだまだ」「なかなか」を板書し、○○○○の部分がみんなちがうことに気づかせます。そして、「なぜ、みんな言葉がちがうのですか？」と発問し、「言葉がちがうわけは？」と短く板書し、子どもたちに考えさせます。そして、かぶをぬきたいという気持ちとかぶをぬけないくやしさが、だんだん強くなっていることに気づかせます。

このように発問とその答えを板書することによって、学習の過程や流れがわかる板書にすることができます。

第2章

国語授業の準備のポイント

土台づくりはここから！

0 国語科の授業で形成する学力を明らかにする

授業準備の段階で、どのような国語力を身につけさせるかを明確にする

国語科の授業に限ったことではありませんが、授業の目的は子どもに学力をつけることです。算数科や社会科などではどのような学力をつければいいかが明確ですが、国語科では曖昧なまま授業が行われているように思います。物語の授業の場合、作品をいくつかの場面に分けるという「場面分け」から入り、最初の場面から順番に登場人物の気持ちを読んでいく「場面読み」が行われます。そして、登場人物の気持ちについてイメージをふくらませて読み、教師は「それもいいね」とすべての考えを容認します。また、説明文の授業の場合は「段落分け」から入り、最初の段落から順番に説明されている内容を読んでいくだけで終わってしまいます。このような授業展開では、子どもにどのような国語力が身についたのかはっきりしません。

そこで、授業準備の段階で、どのような国語力を身につけさせるかを明確にしておきます。例えば、説明文「すがたをかえる大豆」(光村図書『国語三下』令和六年度版)の文章構成を読み取る授業では、①文章全体にかかわる「問い」があるかを見極める力、②「くふう」などくり返されている言葉に注目しながら構成を見極める力、③「なか」を話題と対応させて分ける力、④「次に」「また」「さらに」などの接続語に着目して「なか」を分ける力を身につけさせることを明確にしておくのです。

授業準備の段階で、どのような国語力を身につけさせるかを明確にする

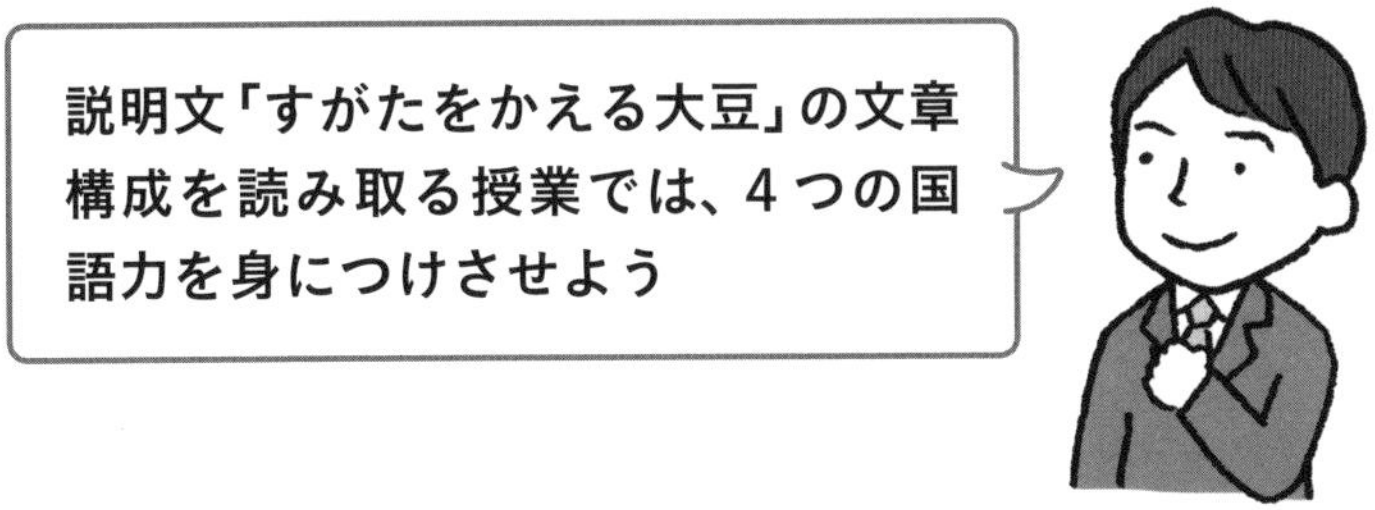
説明文「すがたをかえる大豆」の文章構成を読み取る授業では、4つの国語力を身につけさせよう

①文章全体にかかわる「問い」があるかを見極める力

②「くふう」などくり返されている言葉に注目しながら構成を見極める力

③「なか」を話題と対応させて分ける力

④「次に」「また」「さらに」などの接続語に着目して「なか」を分ける力

1 学習課題の内容を検討する①

子どもたちが考えてみたくなる学習課題にする

学習課題は、子どもたちが考えてみたいという意欲・関心がもてる課題にします。子どもたちが「不思議だなあ？」「なぜだろう？」「本当かな？」などと思う学習課題は、自然と活発な話し合いになるからです。例えば、物語「お手紙」（光村図書『こくご二下』令和六年度版）を読んでいくと、いくつもの謎が出てきて、子どもたちが「なぜだろう？」と考え始めます。

- **「がまくんにはすでにかえるくんという友だちがいるのに、なぜお手紙がほしいのかな？」**
- **「なぜ、かえるくんは自分でお手紙を届けずに、かたつむりくんに頼んだのかな？」**
- **「なぜ、かえるくんは自分がお手紙を出したことやその中身をがまくんに教えたのかな？」**
- **「がまくんはお手紙の中身を知っているのに、なぜお手紙が届くのを待っているのかな？」**

これらの謎はどれも簡単には解決できません。そこで、これらの謎の中から物語「お手紙」の主題につながるものを選んで学習課題とします。例えば、「なぜ、かえるくんは自分でお手紙を届けずに、かたつむりくんに頼んだのかな？」を考えさせます。自分一人ではなかなか答えが見つからないので、友だちはどう考えているのかを知りたくなります。そこで、グループや学級全体でどんどん対話をして、自分の考えを深めていきます。

子どもたちが考えてみたくなる学習課題にする

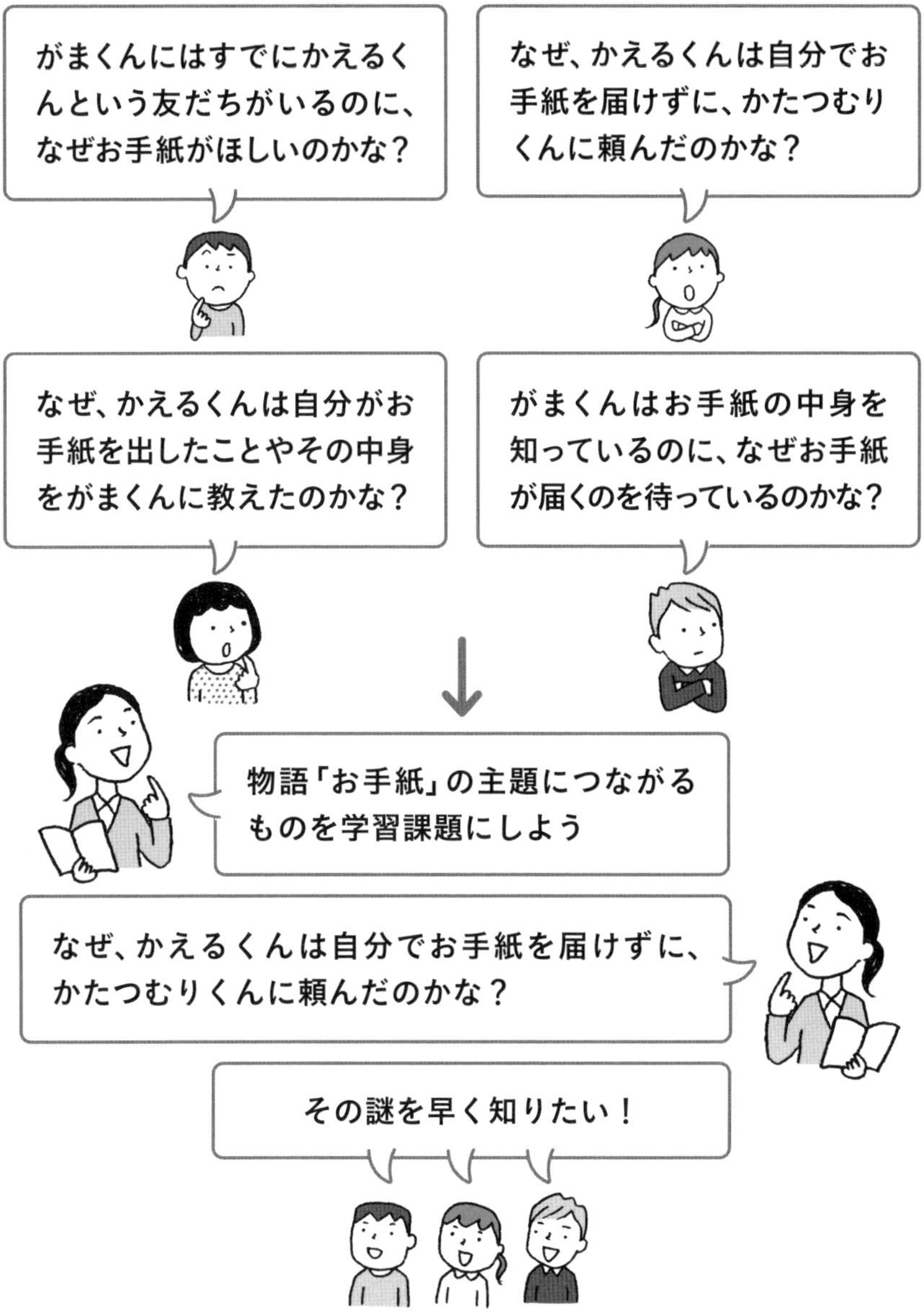
がまくんにはすでにかえるくんという友だちがいるのに、なぜお手紙がほしいのかな？
なぜ、かえるくんは自分でお手紙を届けずに、かたつむりくんに頼んだのかな？
なぜ、かえるくんは自分がお手紙を出したことやその中身をがまくんに教えたのかな？
がまくんはお手紙の中身を知っているのに、なぜお手紙が届くのを待っているのかな？
物語「お手紙」の主題につながるものを学習課題にしよう
なぜ、かえるくんは自分でお手紙を届けずに、かたつむりくんに頼んだのかな？
その謎を早く知りたい！

2 学習課題の内容を検討する②

子どもたちが迷い揺れる学習課題にする

子どもたちがすぐに解決できるような学習課題では、課題解決に向けて子どもたちは試行錯誤することがなく、新たな発見も生み出されません。そこで、学習課題は子どもたちが迷ったり揺れたりするような要素を含んだものにします。例えば、斎藤隆介の物語「モチモチの木」（光村図書『国語三下』令和六年度版）の「クライマックスを探そう」という学習課題では、A『医者様をよばなくっちゃ。』／豆太は、小犬みたいに体を丸めて、表戸を体でふっとばして走りだした。」とB『モチモチの木に、灯がついている。』という考えに分かれ、子どもたちは迷い揺れます。

Aをクライマックスだと考える理由は、夜のモチモチの木をこわがって、一人で外へ出ることもできなかったおくびょうな豆太が、暗い夜の中へ走り出していくからです。このことは、豆太にとっては大きな変化といえます。一方、Bをクライマックスだと考える理由は、夜のモチモチの木が「こわいもの」から「こわくないもの」「美しいもの」へと変化したことがわかるからです。

どちらの考えが妥当なのか、理由を挙げて話し合います。Aでは確かに豆太は大きく変化していますが、夜のモチモチの木との関係がどう変化したかがわかりません。一方、Bではこわがっていた夜のモチモチの木と豆太の関係が変化したことがわかり、クライマックスはBであることに気づかせます。

子どもたちが迷い揺れる学習課題にする

物語「モチモチの木」のクライマックスはAとBのどちらですか？

A　「医者様をよばなくっちゃ。」
豆太は、小犬みたいに体を丸めて
表戸を体でふっとばして走りだした。

おくびょうな豆太が、暗い夜の中へ走り出していくので、勇気を出したことがわかるから

B　「モチモチの木に、灯がついている。」

モチモチの木に灯がついたので、豆太が勇気のある子だったことがわかるから

それに、こわがっていた夜のモチモチの木がこわいものでなくなったから

3 発問と助言をセットにした計画を立てる

主要な発問ではいくつかの助言を用意する

授業で主要な発問は二つまでにします。それは、主要な発問は大きく、内容が重いのが一般的だからです。主要な発問が二つということは、45分間の授業では一つの主要な発問に20分くらい時間をかけることになります。主要な発問にはこれくらいの時間をかけないと、子どもたちは正しい理解、深い理解をすることはできません。

ところで、主要な発問は内容が重く大きいので、簡単には正答にたどりつくことができません。そこで、ヒントになる補助的な助言をいくつか用意しておき、子どもたちがつまずいたときに、タイミングよく助言して、正答に導くようにします。その際、いきなり正答にたどりつける助言をするのではなく、少しずつヒントを出して自分で解決できるように導くことが大事です。例えば、物語「一つの花」（光村図書『国語四上』令和六年度版）では、「『ゆみ。さあ、一つだけあげよう。一つだけのお花、大事にするんだよう――。』で使われている『一つだけ』は、それまでと使われ方がちがいます。どのようにちがいますか？」という発問を計画します。この発問だけでは正答にたどりつけないので、最初に「それまでの『一つだけ』は、どんなときに使われていたかな？」の助言を計画します。次に、「それまでは、一つしかあげられないという使われ方で、この場面ではどういう使われ方かな？」の助言を計画します。

主要な発問ではいくつかの助言を用意する

主要な発問

「ゆみ。さあ、一つだけあげよう。一つだけのお花、大事にするんだよう――。」で使われている「一つだけ」は、それまでと使われ方がちがいます。どのようにちがいますか？

助言①

それまでの「一つだけ」は、どんなときに使われていたかな？

ゆみ子が食べ物をほしがるとき

お母さんがゆみ子に食べ物をあげるとき

助言②

それまでは、一つしかあげられないという使われ方で、この場面ではどういう使われ方かな？

一つしかない大切なものという意味で使われている

4 教材研究に基づいた板書計画を立てる

深い教材研究に基づいた身になる板書計画を立てる

板書計画を立てるうえで何よりも大事なことは、深い教材研究をすることです。深い教材研究に基づいた板書計画でないと、学習内容を深めることができません。板書計画には、子どもたちが迷ったり揺れたりして試行錯誤する学習プロセスが書かれていることが大事です。正しい考えをわかりやすくまとめて板書しただけでは、学習課題がどのように解決されていったのかがわからないし、学習活動を振り返ることもできません。

板書計画に盛り込む内容は、**①単元名、教材名、②本時のねらい（めあて・学習課題）、③学習内容にかかわる発問、助言、指示、④学習内容の展開のしかたや手順、⑤予想される子どもの反応とその手立て、⑥学習内容のまとめ**の六つです。とくに③④⑤は子どもたちがどのように学んでいけばいいかを示す設計図のようなものなので、たいへん重要です。例えば、物語「スイミー」（光村図書『こくご二上』令和六年度版）で、「スイミーがもっとも大きく変容したのはどこか?」を探す学習課題では、まずスイミーの変容が読み取れる箇所を板書計画に書き込みます。次に、これらの中から「スイミーがもっとも大きく変容した箇所」を子どもたちが見つける学習の流れを計画します。そして、「ぼくが、目に　なろう。」で大きく変容したことに気づかせ、その理由も考えさせて板書する計画を立てます。

深い教材研究に基づいた身になる板書計画を立てる

①単元名、教材名
②本時のねらい（めあて・学習課題）
③学習内容にかかわる発問、助言、指示
④学習内容の展開のしかたや手順
⑤予想される子どもの反応とその手立て
⑥学習内容のまとめ

（めあて）
スイミーがもっとも大きく変容したのはどこか？

スイミーの変容が読み取れる箇所を板書計画に書き込む

・「おもしろい　ものを　見る　たびに、スイミーは、だんだん　元気を　とりもどした。」
・「スイミーは　かんがえた。いろいろ　かんがえた。うんと　かんがえた。」
・「それから、とつぜん、スイミーは　さけんだ。」
・「スイミーは　教えた。」
★「『ぼくが、目に　なろう。』」（理由を考えさせる）

5 学び合いができる学習環境をつくる

話しやすくて交流しやすい雰囲気をつくる

国語科の授業では、話しやすい雰囲気や交流しやすい雰囲気をつくることが大事です。子どもたちは、基本的に話し合ったり交流したりするのが好きです。教師の説明が中心の一斉授業で受け身だった子どもたちも、「グループで話し合ってみましょう」と指示されると、生き生きと話し合います。グループでの話し合いの中身を充実させるには、次のことに気をつけるようにします。

・特定の子どもばかりが発言して、ほかの子どもは聞いているだけの話し合いにしない
・発言したい子ども、発言できる子どもだけの話し合いにしない
・どのような発言に対しても、共感的に受けとめる雰囲気の話し合いにする
・みんなが一通り発言したら終わりとするのではなく、発言内容に質問して深める話し合いにする

前時までの学習内容の要点を掲示しておく

前の時間までに学習した内容を掲示して、振り返りができるように学習環境を整えることも大事です。例えば、物語の読み取りでは、それまでの場面で読み取った中心人物の変容が要領よくまとめて掲示されていれば、それを生かした本時の授業がスムーズに展開できます。

話しやすくて交流しやすい雰囲気をつくる

**グループでの話し合いでは、
次のことに気をつけましょう**

・特定の子どもばかりが発言して、ほかの子どもは聞いているだけの話し合いにしない
・発言したい子ども、発言できる子どもだけの話し合いにしない
・どのような発言に対しても、共感的に受けとめる雰囲気の話し合いにする
・みんなが一通り発言したら終わりとするのではなく、発言内容に質問して深める話し合いにする

前時までの学習内容の要点を掲示しておく

**大造じいさんの残雪に対する見方は
どのように変化しましたか？**

前時までの学習内容

「たかが鳥」と思う。
↓
「ううむ。」と思わず感嘆《たん》の声をもらす。
↓
「ううん。」とうなってしまう。
↓
再びじゅうを下ろしてしまう。

↓
強く心を打たれて、ただの鳥に対しているような気がしませんでした。

今まで学習したことをまとめたものを見ると、変化がわかるな

6 教具を用意する
――短冊黒板、マグネットシート、ネームプレート

教具を活用して子どもの考えを可視化し深める

対話でつくる国語科の授業の流れは、**「子ども一人一人の自力思考」→「グループでの話し合い、意見交流による学び合い」→「学級全体での話し合い、意見交流による学び合い」**となります。この学習過程を二、三度くり返して集団的な学び合いを展開します。その際に、「グループでの話し合い、意見交流による学び合い」の結果をまとめ、どのように発表するかがポイントになります。学級全体にわかりやすくグループの考えを発表して伝えないと、「学級全体での学び合い」がうまくいきません。

そこで、グループで話し合った考えを書く短冊黒板やマグネットシートを用意しておきます。短冊黒板やマグネットシートは、その場ですぐ書けるという点でとても便利です。また、チョークやホワイトボード用のマーカーで書くので、書き直すことも簡単にできます。短冊黒板やマグネットシートを黒板に貼ることによって、どのグループがどのような考えをもっているかが可視化され、学級全体での話し合い、意見交流がしやすくなります。

学習課題についていきなり学級全体で話し合い、意見交流をする場合には、一人一人の子どものネームプレートを用意しておきます。子どもの発言を板書して、ネームプレートを添えれば、誰がどのような考えをもっているかが可視化され、みんなの考えを知ることができます。

教具を活用して子どもの考えを可視化し深める

▶ 短冊黒板、マグネットシートを活用する

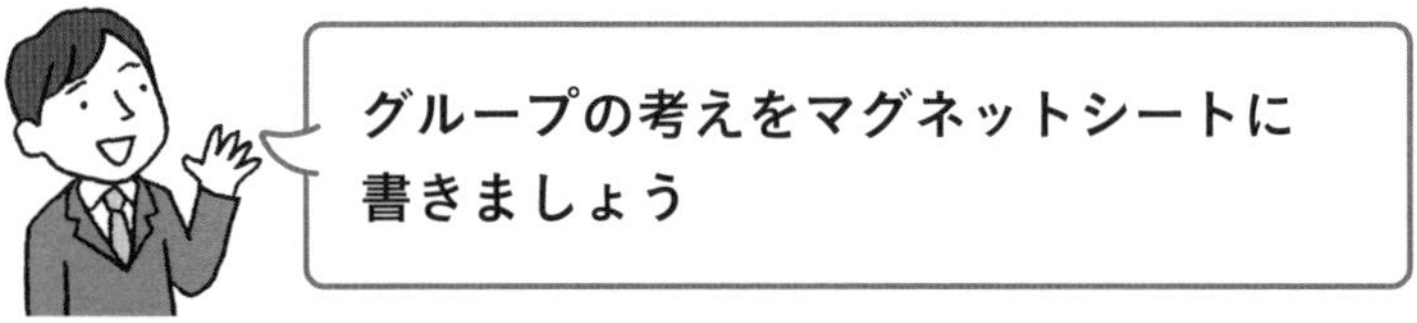
グループの考えをマグネットシートに
書きましょう

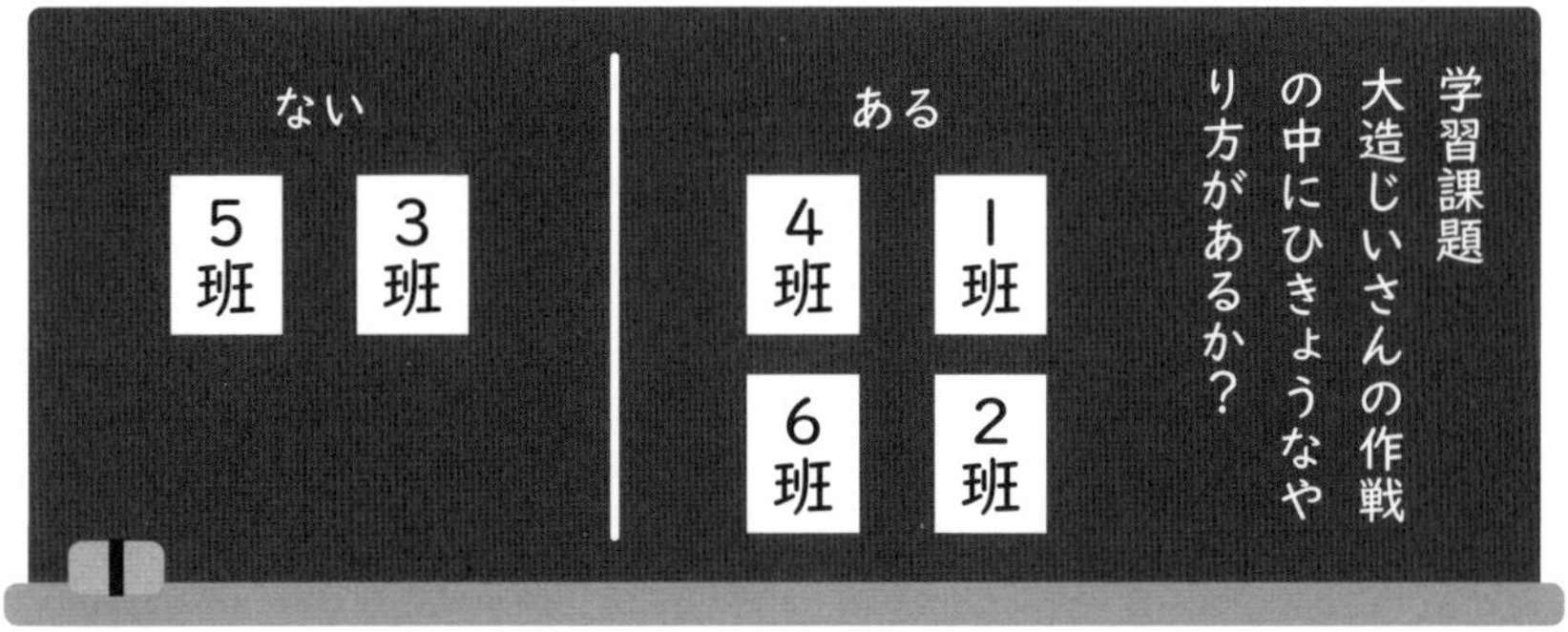
学習課題
大造じいさんの作戦の中にひきょうなやり方があるか？
ある
1班
2班
4班
6班
ない
3班
5班

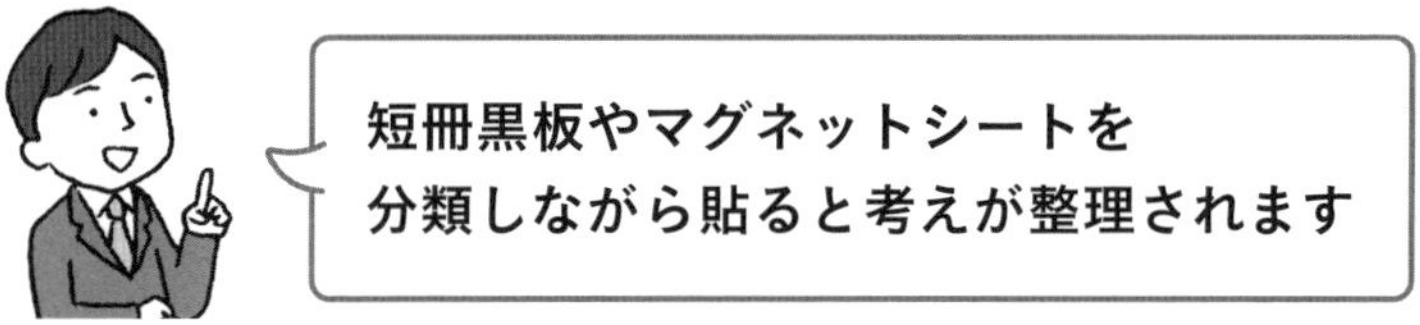
短冊黒板やマグネットシートを
分類しながら貼ると考えが整理されます

▶ ネームプレートを活用する

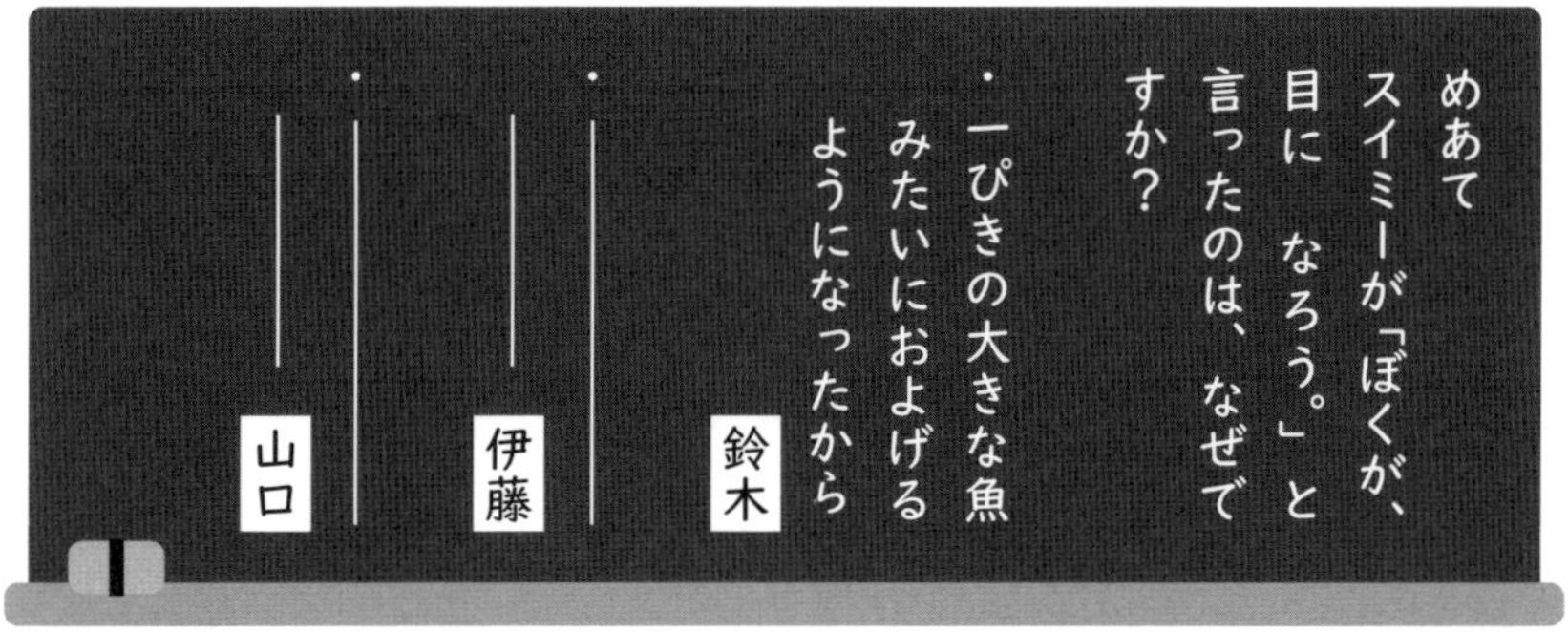
めあて
スイミーが「ぼくが、目に なろう。」と言ったのは、なぜですか？
・一ぴきの大きな魚みたいにおよげるようになったから
鈴木
・
伊藤
・
山口

COLUMN 2

子ども参加の板書づくりのポイント

黒板は教師だけが使うものではありません。教師の板書だけではなく、子どもたちの板書もあれば、子どもたちの授業への意欲をぐっと高めることができます。

しかし、子どもたちに板書させる際に困ることがあります。それは、文字が大きすぎて場所をとってしまったり、反対に文字が小さすぎてよく見えなかったりすることです。また、チョークによる板書に慣れていないため、書くのに時間がかかってしまうことです。

そこで、次のような方法で子どもたちを板書に参加させるといいでしょう。一つは、板書計画に影響が出ないように、子どもたちに書かせる場所に囲みや吹き出しを書いておいて、その中に書くようにさせる方法です。もう一つは、カードや短冊黒板に書かせる方法です。カードには油性ペンを使用するので書きやすく、書くのにも時間がかかりません。また、短冊黒板は手元に置いて書くので、板書よりも速く書くことができます。そして、カードや短冊黒板は、文字の大きさも統一できて板書のスペースを計画的に使えるよさがあります。

子どもたちが書いたカードや短冊黒板を黒板に掲示すれば、子ども参加の板書にすることができます。

第3章

国語授業を成功に導く！
授業者必須の基本スキル

0 子どもを見て授業をする

子どもの心をとらえる視線を身につける

子どもを見て授業をするのは、あたりまえのことのように思われます。しかし、「子どもを見る」とは、子どものほうへいつも顔を向け、子ども一人一人をできるだけ見つめながら授業をすることとは少しちがいます。全員の子どもの顔を眺めながら授業をやっていても、教師の視線が子どもたちの顔の上をなぞるように流れていってしまっては、子どもをしっかりとらえているとは言えません。つまり、「子どもを見る」とは、教師のほうへ顔を向けてはいるが、教師のほうへ心を向けていない子がいることを見取ることです。

教師は、子どもをとらえる視線を身につけることが大事です。「あの子は、わたしの話を聞いているふりをしているけれど、ちがうことを考えているな」「あの子は、わたしの話をうなずきながら聞いているけれど、どうも本当にはわかっていないな」などと子どもの心をとらえるのです。確かに、完全に、正確にすべての子どもの心が読めるわけではありません。しかし、一人一人の子どもの心の動きをつかみながら授業をしようとすると、子どもをとらえる視線がだんだん身についてきます。

国語科の授業を成功に導く必須の基本スキルには、いろいろなものがありますが、真っ先に身につけるべきスキルは、この「子どもの心をとらえる視線をもって授業をする」スキルです。

子どもの心をとらえる視線を身につける

×
子どもの顔を
眺めているだけ

○
子どもの心を
とらえる

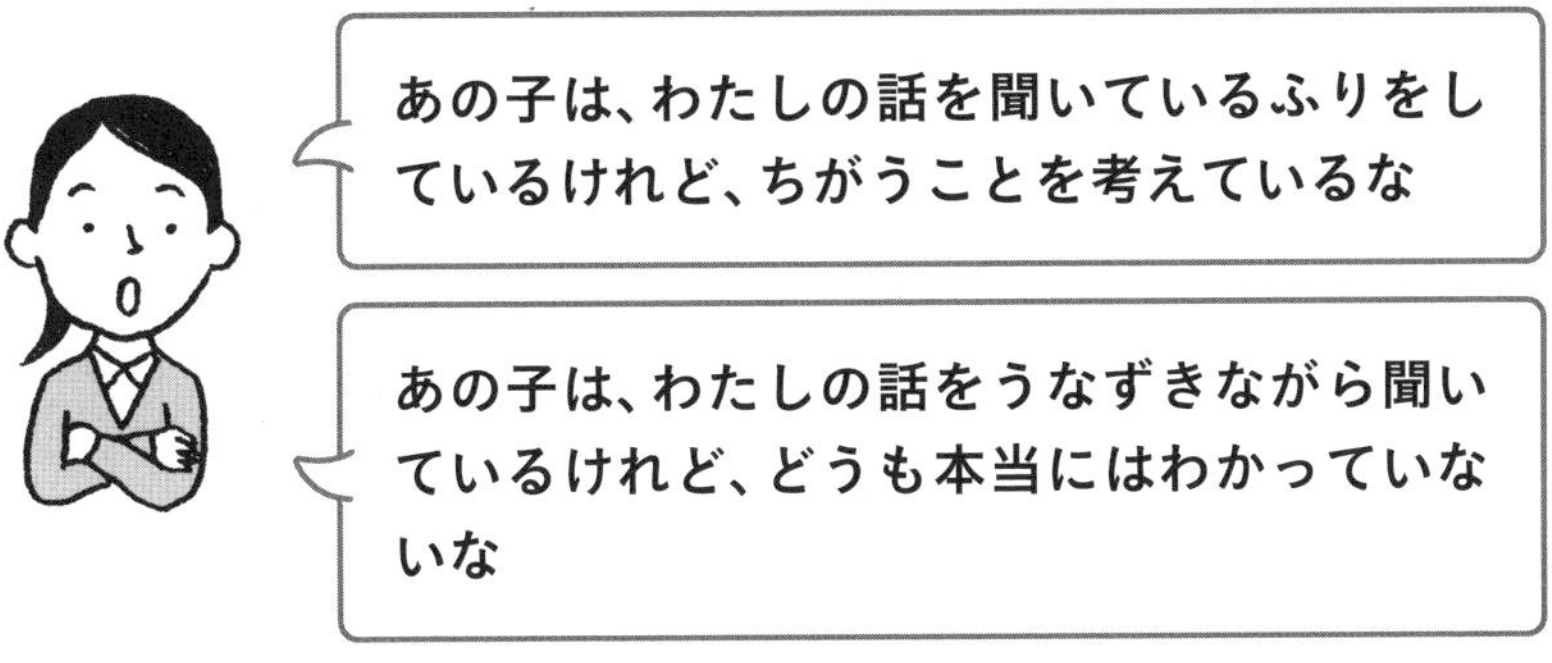
あの子は、わたしの話を聞いているふりをしているけれど、ちがうことを考えているな
あの子は、わたしの話をうなずきながら聞いているけれど、どうも本当にはわかっていないな

1 範読

範読で音読のしかたを伝えたり、解釈力をつけたり、関心を強めたりする

範読とは、教師が子どもたちに模範的に読み聞かせることです。一般的には通読の段階でよく行われます。教師は十分な教材研究を踏まえたうえで範読するので、子どもには難語句の意味がわかり、音読のしかたも伝わります。また、教材の解釈力をつけ、国語への関心を強めることもできます。

範読するためには、練習が必要です。練習によって、教師の音読の実力は高まっていきます。

範読のポイント

範読は俳優のように特別にうまく読めなくてもかまいません。次の三つを心がけて音読します。

①**口の形を正しくする**――十分に開かない口の形で読むと、声がこもって不明瞭になります。口の形を正しくすることによって澄んだ声になります。

②**いつもより大きく、はっきりと、ゆっくり読む**――全員に聞かせるために、大きな声ではっきりと発声します。そして、つい早口になりがちなので、意識的にゆっくり読みます。

③**情景、心情がわかるように読む**――速く読む、ゆっくり読む、強弱をつけて読むなど変化をつけて読みます。

範読のポイント

①口の形を正しくする

澄んだ声

②いつもより大きく、はっきりと、ゆっくり読む

兵十が、赤い　いどのところで
麦をといでいました。

③情景、心情がわかるように読む

「おれと同じ、ひとりぼっちの兵十か。」こちらの物置の後ろから見ていたごんは、そう思いました。

ごんが自分と同じ境遇に共感していることが
伝わるように、つぶやくように読む

2 音読

音読の目的をはっきりさせる

国語科の授業の定番活動に音読があります。音読は低学年でよく行われますが、高学年の子どもにも大事な活動です。それは、音読によって、文字言語の読み方が正確明瞭なものになり、結果的に文章の意味内容の把握が的確なものになるからです。また、理解した内容、感動した表現を音声化することによって刺激が倍加され、鑑賞が情意的にそれだけ深まるからです。

音読指導のポイント

音読をさせるときは、「声の大きさ」「読む速さ」「すらすらと読む」の三つが大事です。音読の練習を積み重ねると、すらすら読めるようになってきますが、それと同時に読む速さもつい速くなってしまいます。そこで、あまり速くならないように指導します。すらすらと音読できるようにするために、ただくり返し読むだけでは、単調になってしまいます。そこで、次のようないろいろな音読のやり方で読む楽しさを実感させるといいでしょう。一人読み、ペア読み（一文ずつ交替しながら読む）、マル読み（一文ずつ読む人を交替して読む）、連れ読み（教師が読んだ箇所をあとに続いて読む）、段落読み（段落が変わるところで交替して読む）などがあります。

音読の目的をはっきりさせる

・文字言語の読み方が正確明瞭なものになり、
　結果的に文章の意味内容の把握が的確なものになる

・理解した内容、感動した表現を音声化することによって
　刺激が倍加され、鑑賞が情意的にそれだけ深まる

音読指導のポイント

①大きな声で読む
②速さを考えて読む
③すらすらと読む

音読のバリエーション

一人読み　ペア読み　マル読み
連れ読み　段落読み

今日はペア読みをします

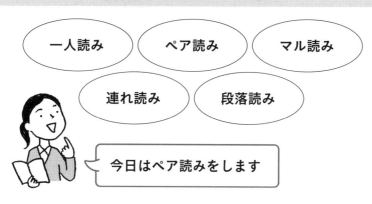

3 語句の意味調べ

語句の意味調べは、もっとも効果的なときに行う

国語科の授業においては、単元の始めの活動として「語句の意味調べ」が決まったように行われます。そして、語句の意味調べは個人差が大きく、全員の子どもが調べ終わるまでに時間がかかってしまいます。語句の意味調べで時間を取ってしまうと、文章の読み取りにかける時間が減ってしまいます。さらに、問題なのが語句の意味調べは、辞書に出ている意味をノートに書き写しているだけなので、子どもがその言葉の意味を考えて辞書を引いていないことです。

語句の意味調べはいつも単元の始めにやる必要はありません。語句の意味調べで大事なことは、その文章の中で調べようとする言葉がどのように使われているかを考えて、調べることです。例えば、「とうげのりょうし小屋」を調べる場合、「とうげ」（①山の坂道を上りきって、そこから下りになるところ。②ものごとのいちばんさかんな時。）は①の意味です。「りょうし」は（鳥やけものをとることを仕事にしている人、狩人。）の意味です。このことから坂道を上りきったところに狩人の小屋があって、そこで暮らしていることがわかります。このように、文章を読んでいく過程で、意味のわからない言葉に出会ったときに、辞書を引いて意味を調べることがもっとも効果的な学習法です。文章の内容を読まないうちから語句の意味調べをしても、その文章に合った言葉の意味をつかむことはできません。

語句の意味調べは、もっとも効果的なときに行う

▶ 単元の始めに語句の意味調べをする際の問題点

①辞書を引くのに時間がかかり、個人差が大きい

②語句の意味調べで時間を取ってしまい、文章の読み取りにかける時間が減ってしまう

語句の意味調べは、必要なときに行う

(例)物語「モチモチの木」

「とうげのりょうし小屋」

「とうげ」 ①山の坂道を上りきって、そこから下りになるところ。
②ものごとのいちばんさかんな時。

「りょうし」 鳥やけものをとることを仕事にしている人、狩人。

↓

坂道を上りきったところに狩人の小屋があって、そこで暮らしているんだな

4

漢字指導

漢字の指導法を工夫する

漢字の指導で一般的によく行われているのが、「同じ漢字を何回もくり返し書かせる」というものです。「漢字を10回ずつ書きなさい」と指示されると、子どもたちはだんだん漢字をいいかげんに書くようになり、正しく漢字を書けるようにはなりません。どんなにたくさん書いても、「止め」「はね」「払い」などが曖昧であったり、まちがっていたりしたら意味がありません。量よりも質が大事です。

そこで、漢字指導の流れを次のようにします。

①漢字を黒板に書いて読み方を教えたあと、空書きをしながら筆順や画数などを確かめる。その際、筆順がわかるように色を変えて書く。

②漢字ドリルを使って、なぞり書きをしたり、読みの練習をしたりする。

③漢字ドリルを見ながら、漢字ノートに漢字を書いて練習する。その際、一字ずつ、「止め」「はね」「払い」などの点画に気をつけて書かせることが大事である。そのためには、マス目の中にできるだけ大きく書かせる。

④ノートに書いた漢字にまちがいがないかを教師が点検し、まちがった漢字は書き直させる。

⑤同じ部首の漢字を集めたり、成り立ちを調べたりして、子どもの興味を広げていく。

漢字の指導法を工夫する

①漢字を黒板に書いて読み方を教えたあと、空書きをしながら筆順や画数などを確かめる

②漢字ドリルを使って、なぞり書きをしたり、読みの練習をしたりする

③漢字ドリルを見ながら、漢字ノートに漢字を書いて練習する

④ノートに書いた漢字にまちがいがないかを教師が点検し、まちがった漢字は書き直させる

⑤同じ部首の漢字を集めたり、成り立ちを調べたりして、子どもの興味を広げていく

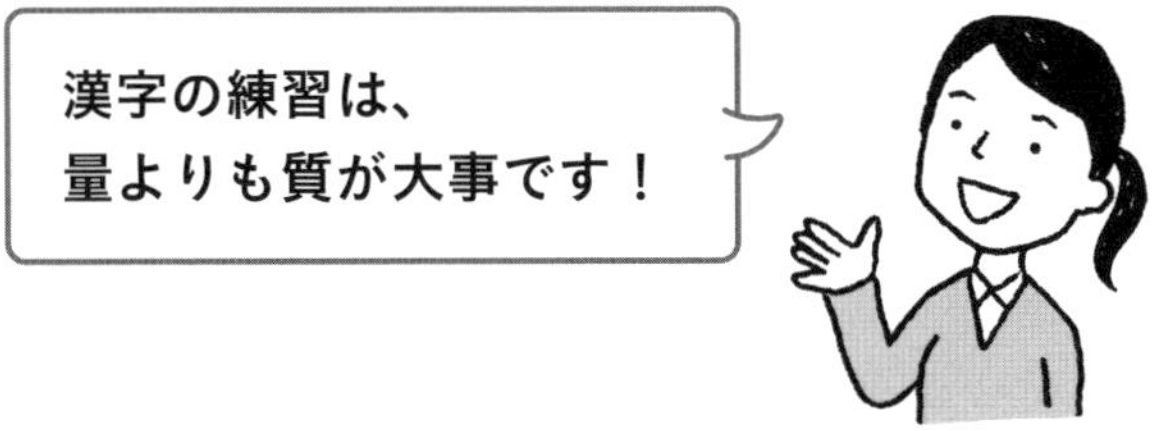

5 読書指導

いつでも気軽に読書する環境をつくる

国語科では、平成29年度版小学校学習指導要領の「知識及び技能」の中で、次のように読書活動の充実が述べられています。「読書に親しみ、いろいろな本があることを知ること」（一年・二年）、「幅広く読書に親しみ、読書が、必要な知識や情報を得ることに役立つことに気付くこと」（三年・四年）、「日常的に読書に親しみ、読書が、自分の考えを広げることに役立つことに気付くこと」（五年・六年）。

そこで、子どもたちが読書する環境を整えます。いつでも、気軽に読書できるように子どもたちに読みかけの本を一冊持たせておきます。机の中や手さげ袋などに入れておくといいでしょう。すきま時間などに読書をします。また、週に数回、10分程度、朝に読書することもよく行われています。読書してから一時間目の授業に入ると、とても落ち着いて、すうっと授業に入れます。

「読み聞かせ」や「ブックトーク」で読書好きにする

しかし、なんの指導もせずに、「勝手に読みなさい」というだけでは、質の高い読書になっていきません。そこで、「読み聞かせ」をしたり、「ブックトーク」をしたりします。ブックトークは、一つのテーマに基づいて、数冊以上の本を順序立てて紹介することです。

いつでも気軽に読書する環境をつくる

▶ すきま時間を活用する

読みかけの本を
1冊持たせる

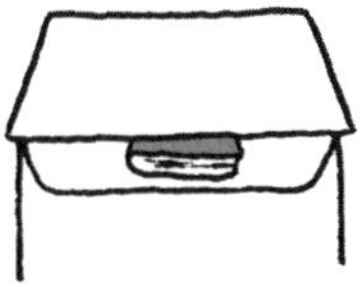

机の中

手さげ袋の中

▶ 朝の時間を活用する

『ハリー・ポッターと賢者の石』
の続きを読もう

10分程度

「読み聞かせ」や「ブックトーク」で読書好きにする

今からレオ＝レオニ
さんの『フレデリッ
ク』を読みます

読み聞かせ

今から「平和」をテー
マにした本を紹介し
ます

ブックトーク

『地雷のない世界へ』
『せかいでいちばん
つよい国』『チロヌッ
プのきつね』『おかあ
さんの紙びな』です

6 説明

説明のしかたを工夫して子どもに印象づける

教師が授業で話す言葉には、「説明」「発問」「指示」の三種類があります。この中でも、説明する力をみがくことがたいへん重要です。教えることは、教科内容をうまく、わかりやすく説明することだからです。子どもたちにうまい説明をするには、いくつかポイントがあります。

一つ目は、説明内容を取捨選択することです。一度にたくさんのことを説明しても、子どもたちはたくさんの説明内容を頭の中に保存しておくことができません。そこで、説明内容を取捨選択するのです。例えば、国語辞典の引き方を教える内容には、見出し語は五十音順に並んでいること、文の中でいろいろに形を変える言葉の場合は、言葉の形を変えたものが見出し語になっていること（「赤くなる」→「赤い」）の二つがあります。この場合には、まず「見出し語は五十音順に並んでいること」だけに絞って説明します。

二つ目は、説明内容のとくに大事なところや押さえどころは強調して説明します。強調する方法には、次の三つがあります。①大事なところを大きな声で説明したり、わざと小さな声にしたりして、声に変化をつける。②大事なところを板書して説明し、子どもたちの視覚に訴える。③大事なところをくり返し説明する。

説明のしかたを工夫して子どもに印象づける

▶説明内容を取捨選択する

(例)国語辞典の引き方

①見出し語は五十音順に並んでいる

・「ひろい」と「ふかい」では、一字目を比べると「ひろい」が先になる。

・一字目が同じ場合は、二字目を比べる

ひ	→	ふ		ふ
ろ		か	→	と
い		い		い

②文の中でいろいろに形を変える言葉の場合は、言葉の形を変えたものが見出し語になる

「赤くなる」→「赤い」

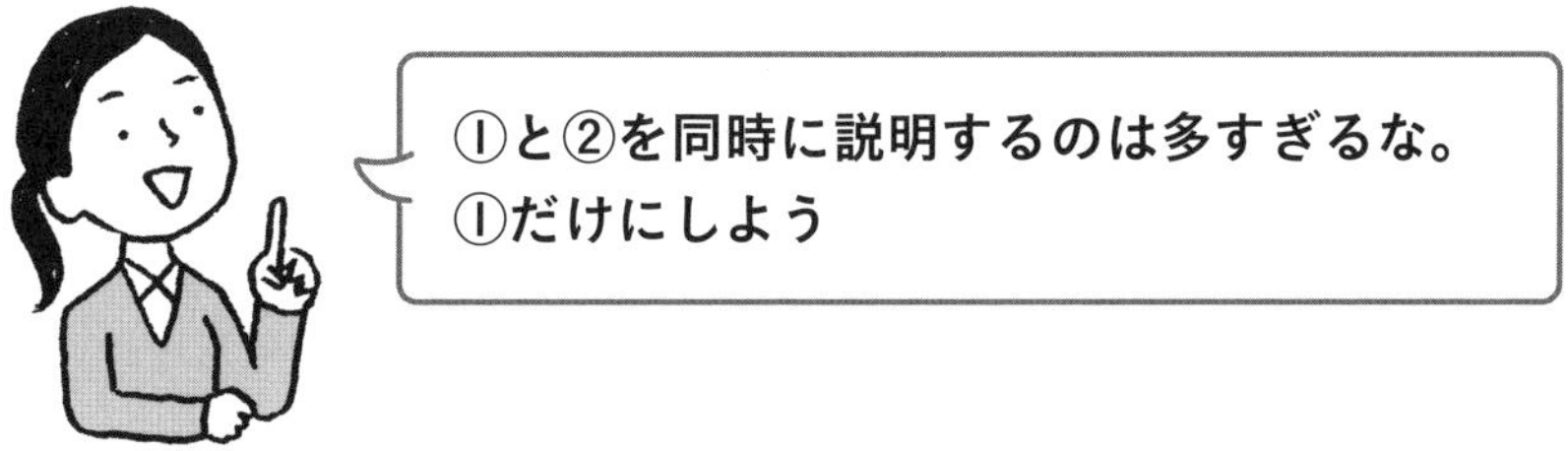
①と②を同時に説明するのは多すぎるな。
①だけにしよう

▶説明内容の大事なところや押さえどころは強調する

①大事なところを大きな声で説明したり、わざと小さな声にしたりして、声に変化をつける

②大事なところを板書して説明し、子どもたちの視界に訴える

③大事なところをくり返し説明する

7 発問

三つのタイプの発問を使い分ける

授業は教師の「説明」「発問」「指示」が組み合わさって展開されます。その中でも、発問の善し悪しが授業の流れを大きく左右すると言われます。

発問は、子どもたちに説明することをわざわざ問いかける形にしたものです。なぜ、そのようにするのかといえば、説明を聞くという受動的な姿勢よりも発問に答えるという能動的な姿勢をつくり出すほうが、子どもたちの考える力を育てることができるからです。

発問には三つのタイプがあります。**①答えが書いてあって、誰でも答えられ、確認させる発問、②Aですか？　それともAではありませんか？」と選択させる発問、③「AとBを比べてみてどうちがいますか？」「Aからどんなことがわかりますか？」とちがいや、わかったことを発見させる発問**です。

①の発問は、子どもたちが自信をもって答えることができる発問で、授業への集中をつくり出すことができます。②の発問では、例えば、「『ごん』のつぐないの気持ちは『兵十』に届きましたか？　それとも届きませんでしたか？」という問いかけが考えられます。③の発問では、例えば「なぜ、『一つの花』という題名なのでしょうか？」という問いかけが考えられます。②や③の発問では、子どもたちの思考はゆさぶられて、読み取りが深まります。

三つのタイプの発問を使い分ける

①答えが書いてあって、誰でも答えられ、確認させる発問

スイミーの体の色は
何色ですか？
からす貝よりも
まっくろ

②「Aですか？　それともAではありませんか？」と選択させる発問

「ごん」のつぐないの気持ちは「兵十」に届きましたか？それとも届きませんでしたか？
?
?
?

③「AとBを比べてみてどうちがいますか？」「Aからどんなことがわかりますか？」とちがいや、わかったことを発見させる発問

なぜ、「一つの花」という題名なのですか？
?
?
?

8 指示

指示の果たす機能をしっかり把握する

授業で子どもたちを指導するうえで、教師による指示の果たす役割はたいへん大きいものがあります。それは、指示には二つの機能があるからです。一つは、**授業への参加を図る機能**です。教師が一方的にしゃべり、子どもたちは黙って聞くだけの説明中心の授業だと、子どもたちは受け身になりやすくなります。そこで、授業中に指示する場面を適切に入れると、授業に変化が生まれ、子どもたちは授業に積極的に参加してくるようになります。指示によって、本を読む、ノートに書く、話し合うなど、なんらかの作業や行動をすることになるので、子どもたちは自分の体をはたらかせることになります。

指示のもう一つの機能は、**教材内容をわかりやすくする機能**です。教材内容によっては、指示をして、子どもたちに作業をさせる中で理解させていくほうがよい場合があります。例えば、国語辞典の引き方を学習する場合は、『ねる』を引きます。まず、一字目の『ね』を探しなさい」、（全員が探せたのを確かめて）「次に二字目の『る』を探しなさい」と作業を通して引き方を理解させるのです。

指示する際には、次のポイントを押さえます。①**集中させてから指示する。**②**指示は短く簡潔にする。**③**指示は一時に一事にする。**すなわち、一つの指示をして一つの行動をさせるのです。そして、全員が行動したのを確かめてから、また次の指示をします。

指示の果たす機能をしっかり把握する

▶授業への参加を図る機能

▶教材内容をわかりやすくする機能

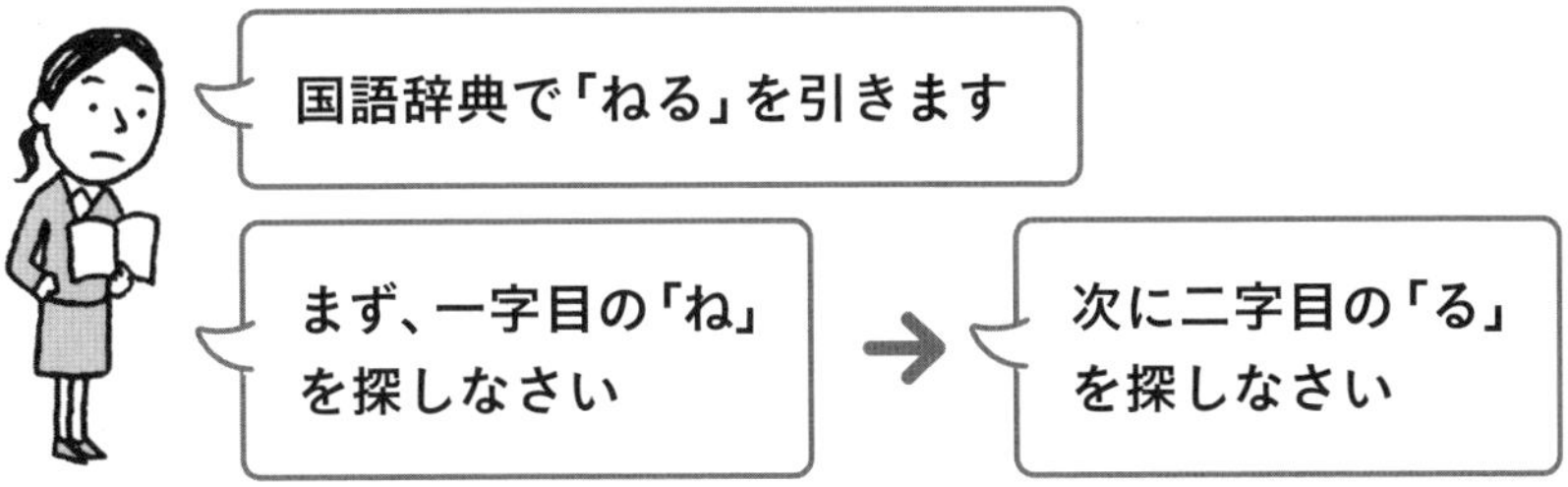

▶うまい指示のしかたのポイント

①集中させてから指示する
②指示は短く簡潔にする
③指示は一時に一事にする

9 指名

指名のしかたを工夫して学習を深める

授業における指名は、とても重要なものです。教師の問いかけや発問に対して、発言者を特定することで学級全体の学習をより有意義なもの、有益なものにすることができるからです。一般的な指名方法は、教師の発問に対して挙手をさせ、挙手した何人かの子どもの中の一人を指名する方法です。この方法は、子どもに挙手させることにより、発問に対する子どもの反応具合や理解度を把握することができます。また、発問について子どもが考える時間を教師が自在にコントロールすることもできます。挙手が増えるまで指名するのをしばらく待って、子どもがじっくり考えることができるようにするのです。

列ごとに前から順番に指名する方法もあります。この方法は、より多くの子どもに発言させることができます。教材文を音読させるときは、この方法が適しています。一文ずつ、ある程度のまとまりごとに、段落ごとに読ませます。自分が音読する箇所や順番が予測できるので、安心して音読できます。

子どもの学習状況をつかんで指名する方法もあります。机間指導やノート指導によって子どもたちの学習状況をつかみます。そして、どの考えとどの考えをぶつければ学習内容が深められるかを判断し、意図的に指名します。例えば、「ごんぎつねの年齢はどれくらいか?」をめぐって、考えを出し合い、学習内容を深めるようにするのです。

指名のしかたを工夫して学習を深める

▶ 挙手した子どもの中から一人を指名する

○○さん
もう少し挙手が増えるまで待とう

▶ 列ごとに前から順番に指名する

○○さん 読んでください

▶ 子どもの学習状況をつかんで指名する

ごんぎつねの年齢はどれくらいかな？
大人という考えと子どもという考えに分かれているな

10 机間指導

一斉指導による弱点を補う

机間指導は、次の二つの場面で行います。一つ目は、一斉指導による弱点を補うために机の間を回って一人一人の子どもの学習状況を把握し、指導するときです。子どもたちが授業についてきているか、つまずいているところはないかを机間指導で確かめます。つまずいている子には個別に支援します。また、一斉授業での学びを深めるために一人一人の子どもの考えを把握し、学級全体の思考の傾向を把握するときにも机間指導を行います。例えば、物語「ごんぎつね」（光村図書『国語四下』令和六年度版）の「ごんは、ばたりとたおれました。／兵十はかけよってきました。」の読み取りでは、「かけよってきたとき、兵十はまず何を考えましたか？　ノートに書きましょう」と発問し、指示します。教師は机間指導で一人一人の子どもの考えと学級全体の思考傾向を把握し、授業展開を考えます。

グループの話し合いを支援し、グループの考えを把握する

学習課題についてグループで話し合いをしているとき、うまく進まないことがあります。そうしたときには、司会者を援助したり、グループに助言したりします。また、すべてのグループを回ってグループの考えを把握し、グループの考えをどのように組み合わせて話し合いを仕組むかも考えます。

一斉指導による弱点を補う

▶ つまずいている子を見つけて支援する

つまずいている○○
さんを支援しよう

▶ 一人一人の子どもの考えと学級全体の思考傾向を把握する

撃たれた「ごん」がどうなったか
を考えたという子どもが多いな
うちの中が荒らされていないかを
考えたという子どもが少しいるな

グループの話し合いを支援し、グループの考えを把握する

▶ 司会者を援助したり、グループに助言したりする

中心人物の変化を見るには、
会話文を見るといいよ

▶ グループの考えを把握する

Ａグループと Ｂグループの考え
をぶつけて、話し合いを深めよう
A
B

11 板書

わかりやすい板書にするポイント

授業をするうえで板書が必要なのはなぜでしょうか。それは、板書をすることによって、教えたい事柄を視覚に訴えて対象化し客観化して、子どもたちに提示し、共通の確認や理解を図ることができるからです。わかりやすい板書にするためには、四つのポイントがあります。

一つ目は、事前に板書計画を立てて板書をノートに実際に書いてみることです。書いてみることで書きすぎていないか、授業の流れがわかるかなどをチェックすることができます。

二つ目は、学習内容を要点化して板書案をつくることです。板書の基本は、45分間の授業で一枚の板書です。これが子どもにとっては適量なので、一枚に収まるように板書計画を立てます。何もかも板書することはできないので、理解させたいことや押さえたいことを単純化し要点化して書くようにします。

三つ目は、板書する方法を工夫することです。授業の流れに沿って、学習内容や子どもたちの意見を、ポイントを押さえて書くとわかりやすくなります。箇条書きや吹き出しを活用する方法もあります。

四つ目は、板書の文字の大きさやチョークの使い方を工夫することです。文字の大きさは学年に応じて変えます。低学年は大きめの文字、高学年は小さめの文字にします。チョークの基本色は白色です。重要な箇所や注目させたい箇所はカラーのチョークを使いますが、使いすぎないように気をつけます。

わかりやすい板書にするポイント

▶ 板書計画を立てノートに書いてみる

書きすぎていないかな？

授業の流れがわかるかな？

▶ 学習内容を要点化して板書案をつくる

理解させたいこと、押さえておきたいことを要点化できているかな？

▶ 板書する方法を工夫する

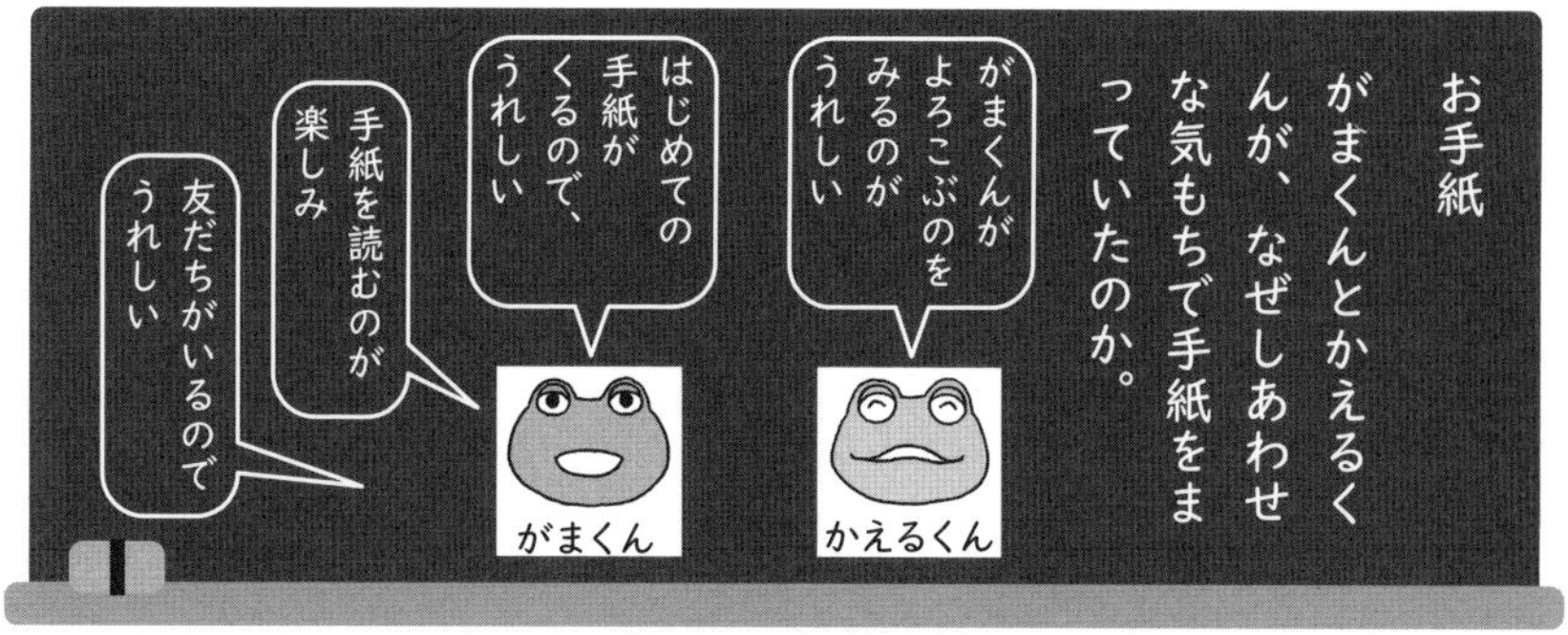
お手紙
がまくんとかえるくんが、なぜしあわせな気もちで手紙をまっていたのか。
がまくんがよろこぶのをみるのがうれしい
かえるくん
はじめての手紙がくるので、うれしい
がまくん
手紙を読むのが楽しみ
友だちがいるのでうれしい

▶ 板書の文字の大きさやチョークの使い方を工夫する

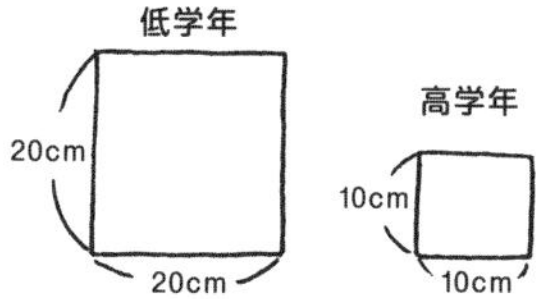
低学年
20cm
20cm
高学年
10cm
10cm

カラーチョーク

重要な箇所、
注目させたい箇所に
使う

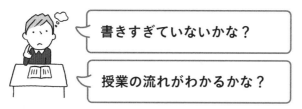

12 ノート指導

ノートをていねいに書くことを指導する

国語科の授業では、ノートを書く機会がたくさんあります。「板書を写す」「自分の考えを書く」「文章を読んで感想を書く」「聞いたことを書く」「まとめを書く」などいろいろあります。ノート指導で真っ先にすることは、文字をていねいに書かせることです。ていねいに書くとは、文字の筆順を正しく書く、文字の形を整えて書く、文字の大きさを考えて書く、ひらがなと漢字のバランスを考えて書く、句読点を正しくしっかりと書くことです。また、線を引いたり四角い囲みを書いたりするときには、必ず定規を使うようにさせます。ノートをていねいに書くということは、単に文字をていねいに書くというだけではなく、事柄をしっかり理解したり、じっくりと考えたりする力を育てることにつながります。

ノートをほめて励ます

ノート指導では、ステップを踏んで子どものノートをほめて励ますことが大事です。教師にほめられれば、子どもたちはノートを書くことに張り合いが出て、意欲的にノートを書くようになります。

具体的には、**①板書を正しくていねいに書き写すことができたらほめる→②自分の考えが書けていたらほめる→③ノートの書き方を工夫できていたらほめる**の順にほめて励まします。

ノートをていねいに書くことを指導する

文字の筆順を正しく書く
文字の形を整えて書く
ひらがなと漢字のバランスを考えて書く
文字の大きさを考えて書く
句読点を正しくしっかりと書く

ノートをほめて励ます

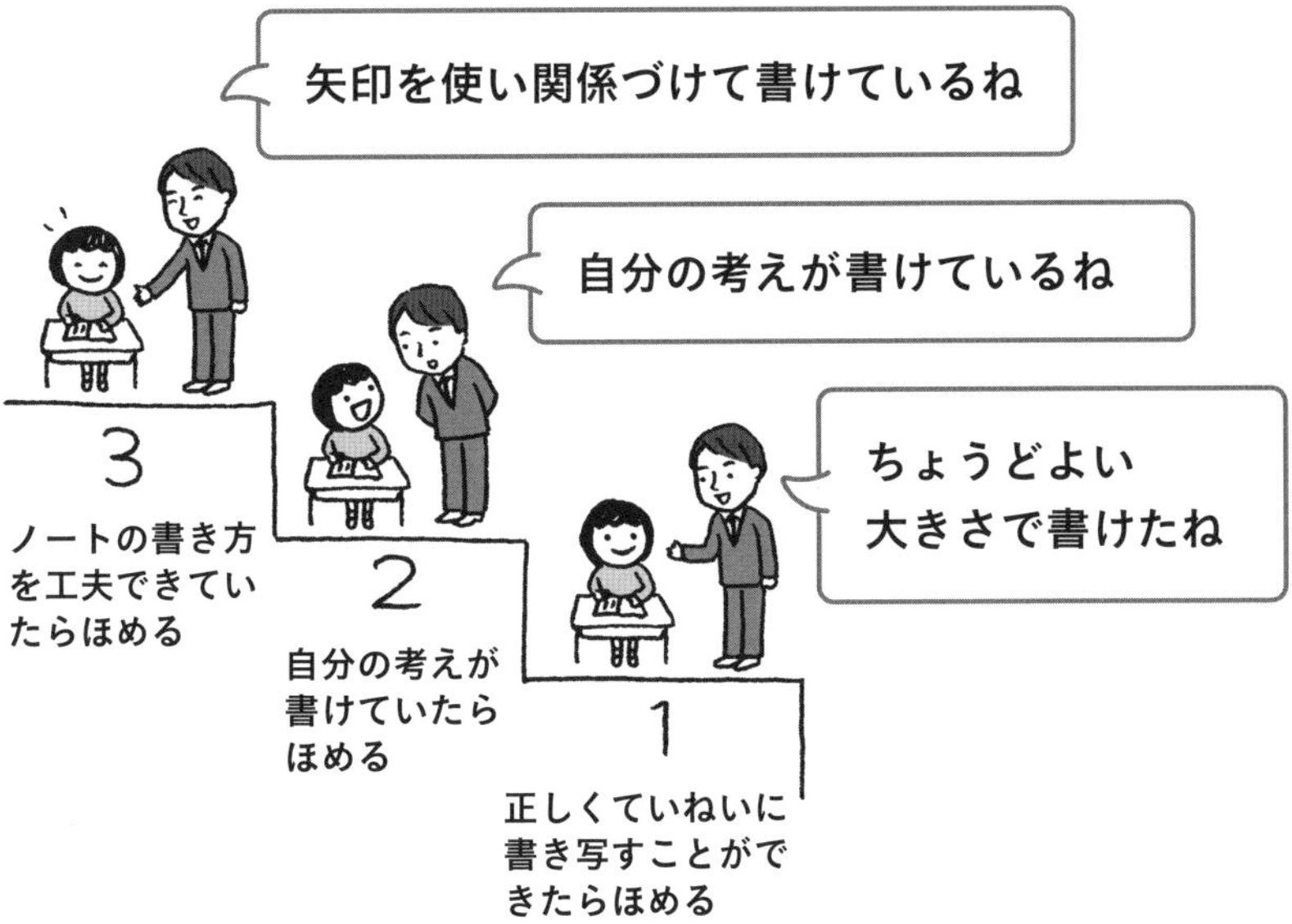
矢印を使い関係づけて書けているね
自分の考えが書けているね
ちょうどよい大きさで書けたね
3
ノートの書き方を工夫できていたらほめる
2
自分の考えが書けていたらほめる
1
正しくていねいに書き写すことができたらほめる

13 ワークシートの活用

ワークシートの問題点

国語科の授業では、用意されたワークシートに書く活動をよく見かけます。それは、ワークシートを作ることで、授業で習得させたい内容を明確にすることができ、効率よく授業を展開することができるからです。しかし、ワークシート中心の授業は、予定していた展開にしばられてしまうため、途中での軌道修正がむずかしくなってしまいます。また、ワークシートに設定された空欄を埋めることが中心の活動になってしまいます。これでは、子どもの思考過程を表現できなくなります。国語科の授業では、ノートを書かせる活動を中心にすえ、ワークシートは補助的に使うといいでしょう。

ワークシートは限定して活用する

ワークシートは、ノートを書くことに慣れていない低学年や、図や表で整理することによって文章内容をつかませるときなどに限定して活用するといいでしょう。例えば、物語「スイミー」（光村図書『こくご二上』令和六年度版）では、スイミーに言ってあげたいこと、「スイミー」を読んだあとの感想をワークシートの吹き出しに書かせます。説明文「すがたをかえる大豆」（光村図書『国語三下』令和六年度版）では、おいしく食べるくふうと食品をワークシートの表に整理させます。

ワークシートの問題点

①予定していた授業展開にしばられて、途中での軌道修正がむずかしくなる

②ワークシートに設定された空欄を埋めることが中心の活動になってしまう

ワークシートは限定して活用する

スイミーに言ってあげたいことは？

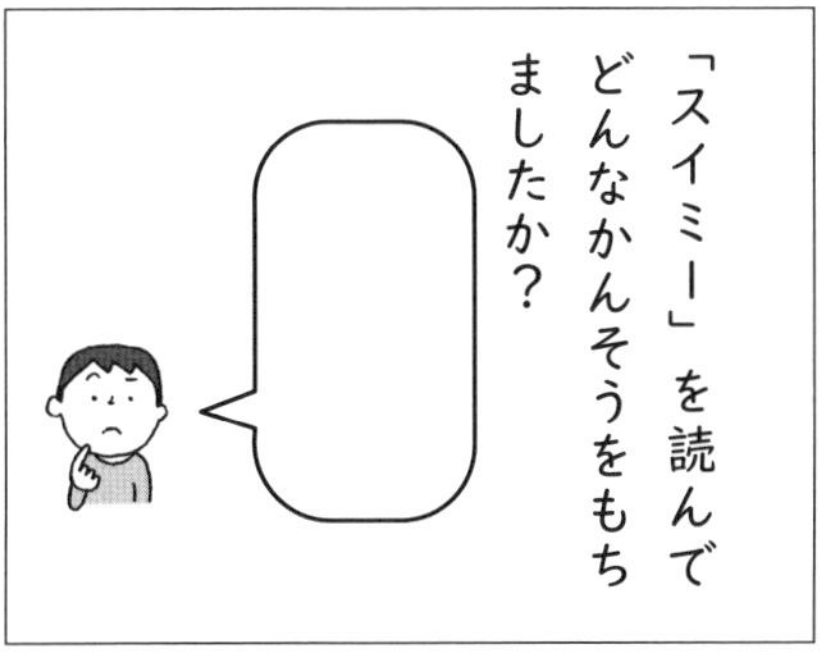
「スイミー」を読んでどんなかんそうをもちましたか？

おいしく食べるくふう	食品
いる にる	豆まきの豆 に豆
こなにひく	きなこ
えいようを取り出す	とうふ
小さな生物の力をかりる	なっとう みそ しょうゆ
やわらかいうちにとり入れる	えだ豆
日光に当てないで育てる	もやし

COLUMN 3

発言のルールがうまく機能しなかったら

子どもが発言しているとき、だらだらとした発言内容が続き、何が言いたいのかわかりづらい場合がよくあります。そのために教室の壁面に、「話し方・聞き方」という話型や聞き方の方法が掲示されているのをよく見かけます。例えば、「わたしの考えは○○です。わけは〜です」「○○さんの考えに賛成です」「○○さんの考えに反対です」「○○さんの考えにつけ加えます」「○○さんに質問します」などの話型を示し、この型を使って話をさせようとします。また、「話す人のほうに体を向けて聞きましょう」「うなずきながら聞きましょう」というように、聞き方の型もあらかじめ教えておいてから聞かせるようにします。

しかし、はじめからこれらの話型や聞き方を使って、話をしたり聞いたりするのは子どもにとって、たいへんむずかしいことです。まずはじめは、子どもが自分の言葉で自分らしく話せるようにすることが大事です。そのためには、「あのね、わたしは○○だと思うよ」「でもさ、その考えはちがうと思うな」「だってね、○○と書いてあるもの」というように、いつもの話し方で話させます。

そして、自分の考えを話せるようになってきたら、少しずつ話型を使っても話せるようにしていきます。

第4章

思考力・対話力・協働力を育む！
話し合い・グループ学習

0 ペア、グループ、学級全体の話し合いで「対話的学び」を活性化させる

話し合いで考えを深めたり発見したりさせる

授業では、子どもたちによる話し合い活動が欠かせません。それは、学習課題について一人一人が自力思考をして自分の考えをもち、友だちと考えを交流させることによって、自分の考えを深めたり、自分一人では思いつかないような考えを発見したりすることができるからです。子ども一人一人に自力思考させる際に、自分で十分に思考することが困難な子どもには、教師が援助・助言をします。

話し合いには、次の三つの形態があり、これらを組み合わせて「対話的な学び」を活性化させます。

①ペアの話し合い

隣の席の子と自分の考えを交流させるための話し合いです。話し合いによって、自分の考えに自信をもつことができたり、考え直すことができたりします。

②グループの話し合い

グループ内のいろいろな考えに触れたり、グループの考えを導き出したりすることができます。

③学級全体の話し合い

グループの考えを学級全体で交流するので、よりたくさんの考えに触れることができ、考えを深めることができます。

話し合いで考えを深めたり発見したりさせる

学習課題について自力思考

↙ ↘

ペアの話し合い
意見交流・対話

グループの話し合い
意見交流・対話

↓ ↓

学級全体の話し合い
ペア・グループの発表→意見交流・対話

ペア、グループ、学級全体の話し合いを組み合わせて「深い学び」がある授業にしよう

子ども一人一人に自力思考させる際に、自分で十分に思考することが困難な子どもには援助・助言をしよう

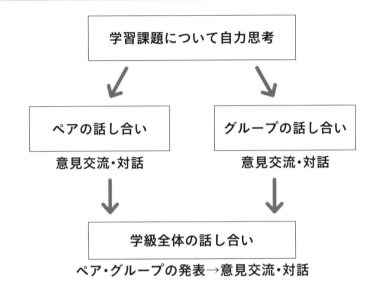

1 学習グループの人数とつくり方

四人グループで多様な考えを交流する

学習グループは、四人を原則とします。学級の人数によっては、三人でグループをつくります。四人でグループをつくるのは、次のような利点があるからです。**①学習に自信がない子どもでも少人数なので、緊張しないで気軽に自分の考えを話すことができる。②顔を突き合わせて話をしたり、話を聞いたりできる。③司会者がメンバーをしっかり把握できる。④多様な考えを出し合って、交流できる。**

低学年やグループ学習に慣れていない場合には、まずペア学習から始めてもいいでしょう。人数が少ないほうが話しやすいからです。しかし、ペア学習は多様な考えを交流することができません。また、ペア学習は相手の考えについて「それはちがうよ」とは言いにくく、安易に同調しやすくなります。したがって、多様な考えを交流するには、グループ学習のほうが適しています。

学習課題に照らして学習グループのつくり方を変える

学習グループのつくり方には、二つの方法があります。一つは、学級づくりの観点から生活班をつくり、それを学習グループとして使う方法です。もう一つは、学習課題に照らして、学習グループの学力差が出ないように教師がつくる方法です。学習課題がむずかしい場合は、この方法が適しています。

四人グループで多様な考えを交流する

ペア学習

気軽に話せるな

話しやすいな

→

グループ学習

多様な考えを交流させたいときは、グループ学習が適しています

学習課題に照らして学習グループのつくり方を変える

①生活班を学習グループにする

学習課題があまりむずかしくない場合に適しています

②教師が学力差が出ないように学習グループをつくる

学習課題がむずかしい場合に適しています

2 司会者の決め方と話し合いの進め方

教師が司会者を決めることから始める

司会者の決め方には、教師の指名、子どもによる互選、輪番制などがあります。はじめの段階では、子どもたちはグループ学習に不慣れなため、司会の役割をうまく果たすことができる子どもを教師が指名します。だんだん慣れてきたら互選にしたり、輪番制にしたりします。とはいっても、その際、司会をするのが不得手な子どもに無理やり司会をさせて自信を失わせることがないように配慮します。

司会者は話し合いの進め方マニュアルを見ながら話し合いを進める

司会者には、話し合いの進め方マニュアルを持たせて、話し合いを進めさせます。

①これから○○について話し合います **（課題を確認する）** ②○○さんから順番に発表してください。次は、○○さん発表してください **（一人一人の考えを発表させる）** ③いろいろな考えが出ましたが、もっとちがう考えはありませんか？ **（考えを広げる）** ④どの考えがよいと思いますか？ **（考えを深める）** ⑤グループの考えを整理します **（考えを整理する）** ⑥○○という考えにまとめます **（整理した考えを確認する）**

教師が司会者を決めることから始める

①教師の指名

○○さんが司会をしてください

②子どもによる互選

司会者は○○さんがいいと思います

③輪番制

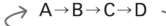

A→B→C→D

最初は①から始めて、慣れてきたら②、③の決め方にします

司会者は話し合いの進め方マニュアルを見ながら話し合いを進める

①課題を確認する

これから○○について話し合います

②一人一人の考えを発表させる

○○さんから順番に発表してください

③考えを広げる

もっとちがう考えはありませんか？

④考えを深める

どの考えがよいと思いますか？

⑤考えを整理する

グループの考えを整理します

⑥整理した考えを確認する

○○という考えにまとめます

3 グループの考えの発表と交流のさせ方

グループの考えの発表と交流のさせ方を工夫する

グループの考えを発表させるときには、工夫が必要です。全部のグループに考えを順番に発表させると、かなり時間がかかってしまい、グループどうしで話し合う時間を十分にとれなくなってしまいます。グループの考えの発表よりも話し合いに時間をかけることが大事です。

そこでグループの数が多い場合には、次のように発表の仕方を工夫します。

①まず一つのグループの考えを発表させてから、「○グループと同じ考えのグループは挙手してください」と指示し、板書した考えのところにグループ名を書きます。次に、「ちがう考えのグループは発表してください」と指示し、発表させて板書します。
②マグネットシート、短冊黒板、画用紙などにグループの考えを書かせ、それを黒板に貼れば一斉にグループの考えを発表することができ、時間を短縮できます。

授業では、グループの考えを発表したあとの話し合いがたいへん重要になります。話し合いを豊かなものにするには、グループの考えをわかりやすく板書し、論点を整理することが大事です。また、似た考えを二つか三つくらいにグルーピングし、焦点化してから話し合わせることも大事です。

グループの考えの発表のさせ方を工夫する

①同じ考えには挙手させ、ちがう考えは発表させる

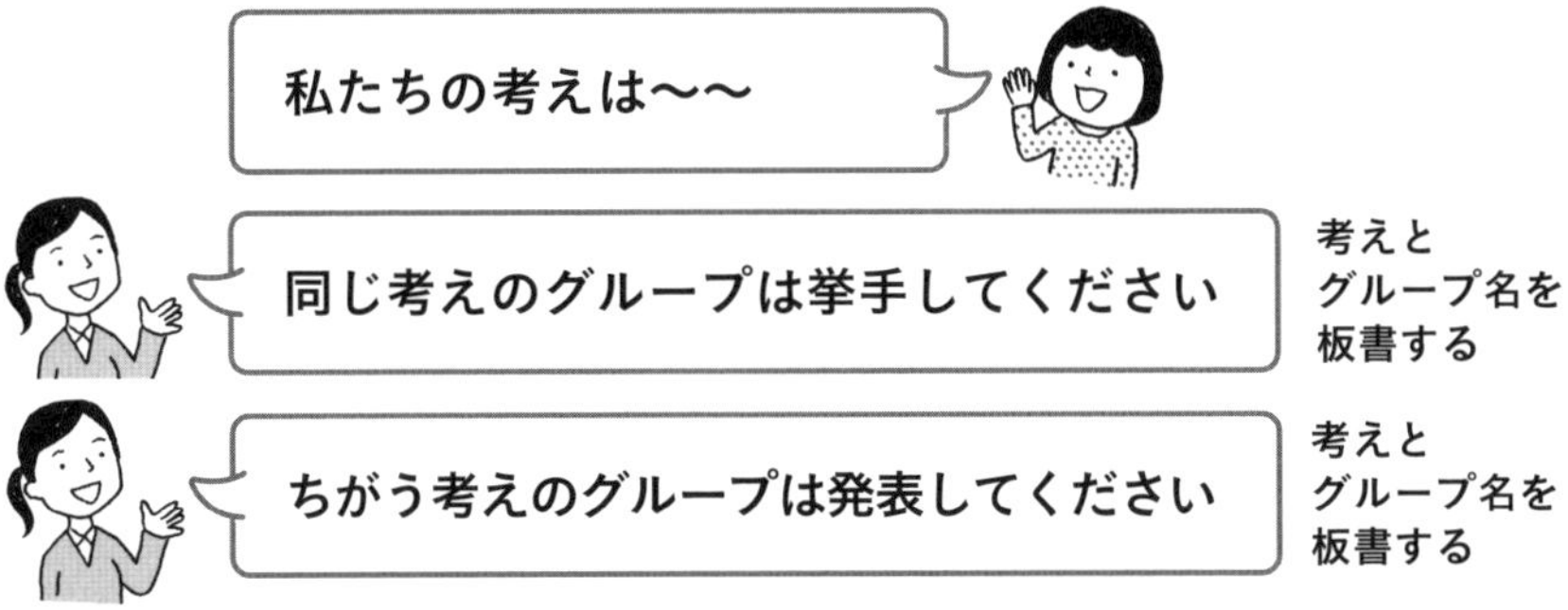
私たちの考えは〜〜
同じ考えのグループは挙手してください
考えとグループ名を板書する
ちがう考えのグループは発表してください
考えとグループ名を板書する

②グループの考えを黒板に貼る

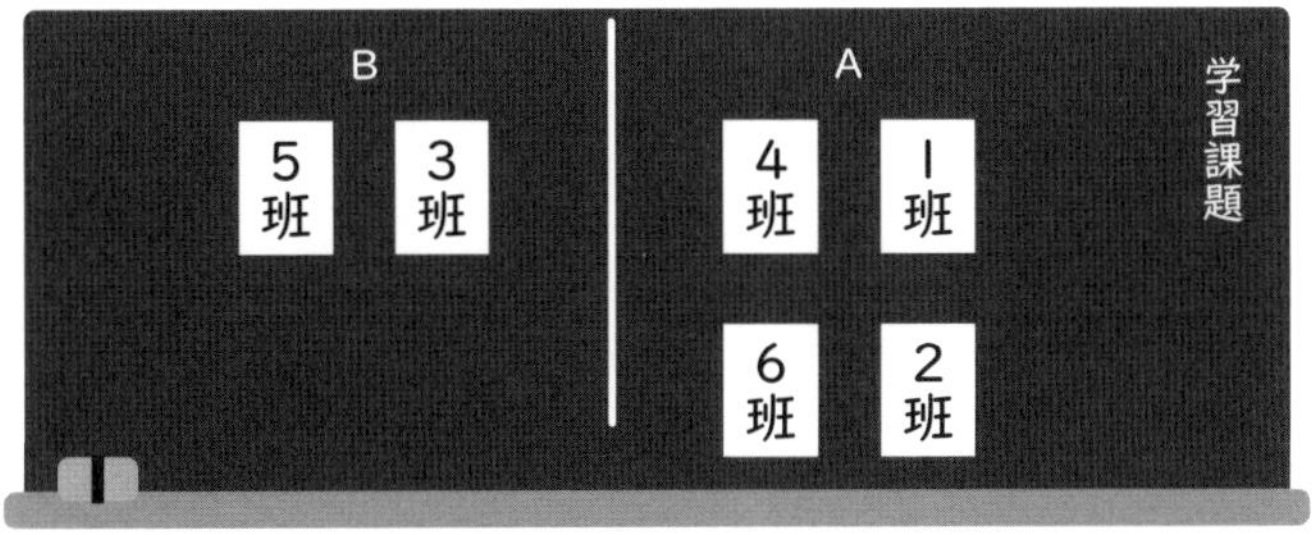
学習課題
A
1班
4班
2班
6班
B
3班
5班

グループの考えの交流のさせ方を工夫する

①板書で論点を整理する

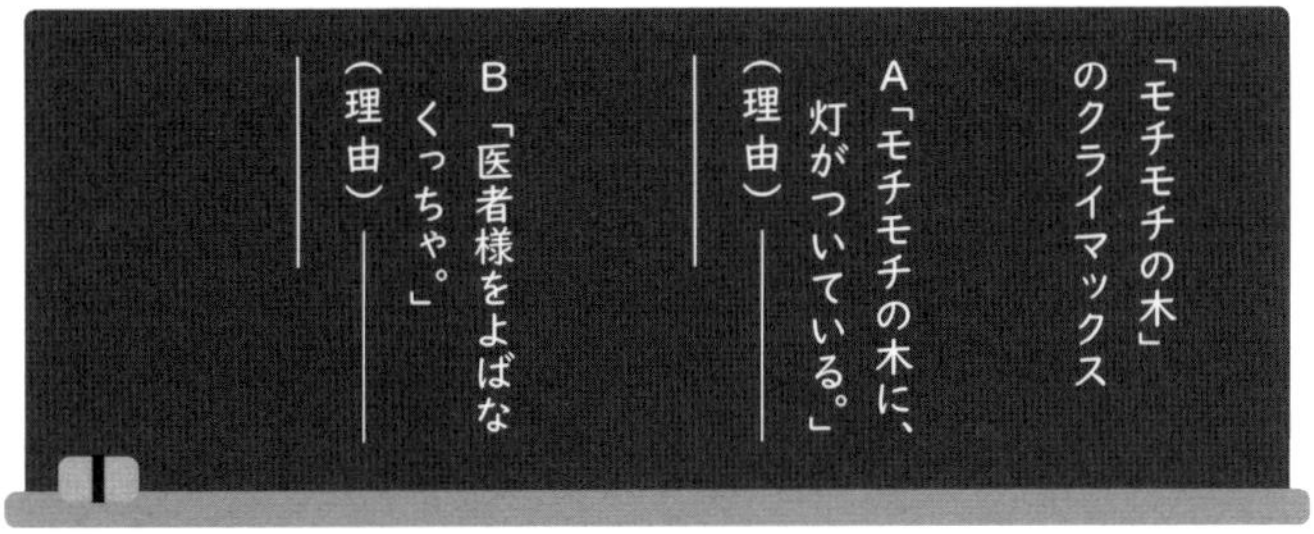
「モチモチの木」のクライマックス
A「モチモチの木に、灯がついている。」
(理由)
B「医者様をよばなくっちゃ。」
(理由)

②似た考えをグルーピングする

4 「深い学び」を引き出す助言とサポート術

自力思考する時間を保障し、自力思考できない子には助言し励ます

グループの話し合いでは、必ず子ども一人一人が自力思考し、学ぶ時間を保障することが大事です。これなしにいきなりグループの話し合いに入ると、学習課題についてまったく考えがもてていない子どもや、学習課題の意味が十分に消化できていない子どもなどは、学習課題を自分なりに解決した子どもの考えに安易に賛成してしまいます。こうした場合は、グループの話し合いは表層的なものになってしまい、学習課題について考えを深めることができません。

そこで、教師はまず子どもが一人で自力思考する時間をしっかり確保するようにします。自力思考する時間を取っても、課題追究の糸口が見出せないで思考が停止している子がいる場合には、個別に助言やサポートをします。例えば、物語「スイミー」（光村図書『こくご二上』令和六年度版）の山場に「スイミーは　かんがえた。いろいろ　かんがえた。うんと　かんがえた。」とまぐろを追い出すための方法を考え続ける場面があります。ここからどんなことが読み取れるかを考える際に、自力では課題追究の糸口が見出せない子には、「『スイミーは、いっしょうけんめい　かんがえた』の文と比べてみるとどうちがうかな？」「『いろいろ』という言葉があるのと、ないのとではどうちがうかな？」などの助言をします。子どもが糸口を見つけたら、「さすがだね。でも、まだいくつも読めるよ」と励まします。

自力思考する時間を保障する

「スイミーは　かんがえた。いろいろ　かんがえた。うんと　かんがえた。」からどんなことが読み取れますか？

自力思考できない子には助言し励ます

「スイミーは、いっしょうけんめい　かんがえた。」の文と比べてみると、どうちがうかな？

「かんがえた」が３回も出てくるので、くり返し何度も考えたことがわかるよ

「いろいろ」という言葉があるのと、ないのとではどうちがうかな？

「いろいろ」があると、まぐろを追い出す方法をたくさん考えたことがわかるよ

さすがだね。でも、まだいくつも読めるよ

5 次の学習課題につなげる振り返り

学習課題の学びを振り返り、次の学習課題につなげる

通常の授業でも「振り返り」は大事ですが、グループ学習を生かした授業では「振り返り」がより重要です。それは、学習課題を追究していくと、話し合いによる追究過程でいろいろな思考や見方が生まれてくるので、それらを「振り返り」によって整理し意味づける必要があるからです。例えば、物語「スイミー」（光村図書『こくご二上』令和六年度版）の「ある　日、おそろしい　まぐろが、～　ミサイルみたいに　つっこんで　きた。」の読み取りでは、比喩「ミサイルみたい」がポイントになります。そこで、「まぐろとミサイルとは、どのようなところが似ているか？」という学習課題を出します。「どちらも大きい」「どちらも先がとがっている」「どちらもスピードが速い」などの考えが出てきます。そして、「ミサイルのように」を「飛行機のように」と比べることで、ミサイルはどこまでも追ってきて逃げることができないこと、一度にたくさんの命を奪う破壊兵器であることに気づかせます。

授業の終末では、課題解決に向けて考えを深めた過程を振り返ります。「ミサイルみたい」という比喩の読み方を学んだことが、次の学習課題「にじ色の　ゼリーのような　くらげ」「水中ブルドーザーみたいな　いせえび」などの比喩の読み取りにつながるのです。

学習課題の学びを振り返り、次の学習課題につなげる

▶ 学習課題を設定する

まぐろとミサイルとは、どのようなところが似ていますか？

▶ 学習課題を解決する

どちらも大きい

どちらも先がとがっている

どちらもスピードが速い

「ミサイルのように」を「飛行機のように」と比べると、どこがちがいますか？

ミサイルはどこまでも追ってきて逃げることができない

ミサイルは一度にたくさんの命を奪う

▶ 学習を振り返る

「ミサイルみたい」というたとえを読み取ることで、スイミーのこわかった気持ちがわかりましたね

COLUMN 4

話し合いに参加しない子どもがいたら

多くの子どもが学習に参加しやすくなり、学習意欲が高まるとしてグループ学習がよく行われています。しかし、「グループで話し合ってみましょう」と投げかけて話し合いをさせる場合、積極的に話す子どもとまったく話し合いに参加できない子どもが見られることがあります。このような場合には、誰もが話せるようにするために、まずペアの話し合いを行うといいでしょう。ペアのよさは、絶対に話さなければならないという状況をつくることにあります。

ペアの話し合いは、おしゃべり感覚で行うといいでしょう。「話し合いをするぞ」と肩ひじをはらずに気軽に話します。その際、ペアの一人が一方的に話しすぎないように簡単なルールをつくっておきます。例えば、「一人だけで話すのではなく、二人とも話しましょう」「だまっている時間をつくらないようにしましょう」「話し手は、相手を見て話しましょう」「聞き手はしっかり聞きましょう」などです。

ペアの話し合いに慣れてきたら、グループの話し合いにも取り組んでみます。グループのみんなに聞いてもらってうれしかったという体験を積み重ねることで、どの子も話し合いに参加できるようになっていきます。

第5章

定番教材のポイントがわかる！
教材研究スキルと実践ガイド〈物語〉

0

物語の教材研究スキル

「場面分け」をして物語のあらすじをとらえる

物語の教材研究では、まず「場面分け」を行います。物語を場面というまとまりを意識しながら読み、物語の大きな流れ（あらすじ）をとらえるためです。物語は、いくつかの場面がつながって進んでいきます。一つ一つの場面は、「時を表す言葉」「場を表す言葉」「人物を表す言葉」で書かれており、小さなストーリーとしてまとまっています。この三つの要素のうち、一つでも変化すると場面が変わります。紙芝居に当てはめて考えてみると、よくわかります。「時」がたてば場面が変わります。「場所」が変わっても場面は変わります。また、「人物」の状況が変わっても場面は変わります。

文章の構成を読む

「場面分け」をしたら、次に文章全体の構造を読み取ります。物語には、典型的な構成があります。それを手がかりにして、物語の文章構成を読んでいきます。物語の典型的な構成は、「**導入部**——**展開部**——**山場**——**終結部**」の四部構成です。「導入部」は「**まえばなし**」とも言われ、事件が始まる前に人物設定や時・場の状況設定が示されます。「終結部」は「**あとばなし**」とも言われ、事件が終わったあとの後日談が示されます。そして、中心的な事件が「展開部」と「山場」から構成されます。とくに、「山場」は事件の後半で話が盛り上がり、緊張感が増すところです。そして、「山場」の中に事件の流れが決定的となる**「クライマックス」**があります。これは描写の密度がとくに高く、読み手により強くアピールする書かれ方になっています。

このような四部構成の作品には、「スーホの白い馬」「かさこじぞう」「モチモチの木」「大造じいさんとガン」「海の命」などがあります。しかし、教科書には「終結部」がない作品も少なくありません。「スイミー」「ごんぎつね」などです。これらの三部構成も典型的な構成の一つです。

物語の中心人物の形象を読む

文章の構成を読み取って物語の枠組をつかんだら、次に物語の登場人物を押さえます。人物は必ずしも人間とは限りません。物語の中で話したり、動いたり、考えたりする存在が人物です。「スイミー」ではさかな、「お手紙」ではかえるが人物です。登場人物の中でも中心人物を押さえ、どのように変容していくかを読んでいきます。中心人物の変容が読み取れる箇所に焦点を当てて、詳しく読みます。中心人物の変容を読み取る際には、⑴人物相互の関係性の変化（「お手紙」「ごんぎつね」など）、⑵中心人物のものの見方・考え方の変化（「大造じいさんとガン」「海の命」など）、⑶中心人物の言動の変化（「スイミー」「モチモチの木」など）のどれに該当するかを考えます。

また、中心人物の性格や特徴も押さえます。例えば、「ごんぎつね」（光村図書『国語四下』令和六年度版）では、ごんは「ひとりぼっちの小ぎつね」と語られていて、子どもではなく、孤独でさみしい思いをしていることが読み取れます。このことが、ごんにとっては「おれと同じ、ひとりぼっちの兵十か。」という兵十への親しみ、共感へとつながり、その後のごんの兵十へのつぐないの動機になります。

人物の形象を読み深める際には、次の方法を使います。

①普通とはちがう言葉を普通の言葉に置き換えて、ちがいを読む

「大造じいさんとガン」（光村図書『国語五』令和六年度版）の「東の空が真っ赤に燃えて」を「東の空が赤くそまって」に置き換えてちがいを読むと、「真っ赤に燃えて」いるのは大造じいさんの心であることが読み取れます。

②他の言葉に置き換えて、ちがいを読む

「ごんぎつね」の「兵十のかげぼうしをふみふみ行きました。」を「ふみながら」に置き換えてちがいを読むと、「ふみふみ」のほうが楽しそうにふんでいることが読み取れます。

③その言葉をなくして、ちがいを読む

「大造じいさんとガン」の「大造じいさんは、ぐっとじゅうをかたに当て」から「ぐっと」をなくした場合と比べると、「ぐっと」があることによって、大造じいさんの意気込みや緊張感が読み取れます。

④肯定・否定の両面を読む

「ごんぎつね」の「ひとりぼっちの小ぎつね」を否定的に読むと、孤独でさみしいと読み取れます。また、肯定的に読むと、束縛されずに自由気ままであるとも読み取れます。

⑤立場を変えて読む

「ごんぎつね」で、ごんはうなぎを逃がすいたずらをします。しかし、兵十にとってはいたずらではなく盗みです。立場を変えて読むことによって、ごんと兵十には認識のズレがあることが読み取れます。

物語を吟味する

物語を詳しく読み取ったら、最後に物語を再読して評価や批評を行います。その際、物語のおもしろさに焦点を当てて批評します。観点は、次のようにします。

・物語の展開のおもしろさ（「お手紙」「海の命」など）
・物語の結末のおもしろさ（「モチモチの木」など）
・視点の変化のおもしろさ（「ごんぎつね」など）
・心情表現や情景表現のおもしろさ（「大造じいさんとガン」など）
・伏線や仕かけのおもしろさ（「一つの花」「ごんぎつね」など）
・表現技法のおもしろさ（「おおきな　かぶ」「スイミー」など）

1 「おおきな　かぶ」（1年生）の教材研究実践ガイド

場面分けをする

西郷竹彦訳しおろしの「おおきな　かぶ」（光村図書『こくご一上』令和六年度版）は、九つの場面に分かれています。⑴場面は「おじいさんが、かぶのたねをまく」、⑵場面は「あまくて、おおきなかぶができる」、⑶場面は「おじいさんは、かぶをぬこうとしたがぬけない」、⑷場面は「おじいさんとおばあさんの二人でもかぶはぬけない」、⑸場面は「おじいさん、おばあさん、まごの三人でもかぶはぬけない」、⑹場面は「おじいさん、おばあさん、まご、いぬの四人でもかぶはぬけない」、⑺場面は「おじいさん、おばあさん、まご、いぬ、ねこの五人でもかぶはぬけない」、⑻場面は「おじいさん、おばあさん、まご、いぬ、ねこ、ねずみの六人でかぶをひっぱる」、⑼場面は「六人でひっぱったら、かぶはぬける」ことが描かれています。⑻場面と⑼場面をつなげて一つの場面と考えることもできます。

文章の構成を読む

この物語は、「まえばなし」「ひろがり」「やまば」の三部構成で、「あとばなし」はありません。「まえばなし」では、おじいさんがどんな願いをもってかぶのたねをまいたかが説明されています。おじいさんは、「あまい　あまい」「おおきな　おおきな」と二回くり返していることから、おじいさんの願い

場面	範囲	内容
1	おじいさんが、かぶのたねを～「あまい あまい かぶ になれ。おおきな おおきな かぶに なれ。」	おじいさんが、かぶのたねをまく。
2	あまい あまい、おおきな おおきな かぶに なりました。	あまくて、おおきなかぶができる。
3	おじいさんは、かぶを～ けれども、かぶは ぬけません。	おじいさんは、かぶをぬこうとしたがぬけない。
4	おじいさんは、おばあさんを～ それでも、かぶは ぬけません。	おじいさんとおばあさんの二人でもかぶはぬけない。
5	おばあさんは、まごを～ やっぱり、かぶは ぬけません。	おじいさん、おばあさん、まごの三人でもかぶはぬけない。
6	まごは、いぬを ～ まだ まだ、かぶは ぬけません。	おじいさん、おばあさん、まご、いぬの四人でもかぶはぬけない。
7	いぬは、ねこを ～ なかなか、かぶは ぬけません。	おじいさん、おばあさん、まご、いぬ、ねこの五人でも、かぶはぬけない。
8	ねこは、ねずみを ～「うんとこしょ、どっこいしょ。」	おじいさん、おばあさん、まご、いぬ、ねこ、ねずみの六人でかぶをひっぱる。
9	とうとう、かぶは ぬけました。	六人でひっぱったら、かぶはぬける。

まえばなし　ひろがり　やまば
じけん

おはなしのはじまり
おじいさんが、かぶの たねを まきました。――

じけんのはじまり
あまい あまい、おおきな おおきな かぶに なりました。――

やまばのはじまり
ねこは、ねずみを よんで きました。――

クライマックス
とうとう、かぶは ぬけました。

じけんのおわり＝おはなしのおわり
――とうとう、かぶは ぬけました。

第5章 教材研究&実践〈物語〉

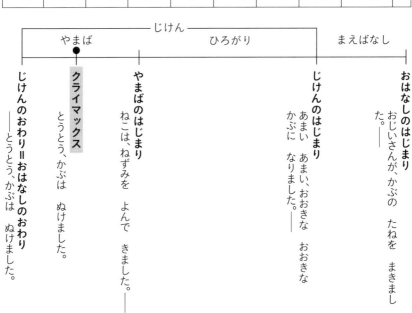

の強さが読み取れます。文章には書かれていませんが、その後おじいさんは願い通りのかぶができるように毎日世話をしたことが容易に想像できます。

事件は願い通りのかぶができたことから始まります。ここからおじいさんとかぶとのかかわりが始まります。⑶場面から⑺場面まではかぶをぬこうとしますが、ぬけません。かぶをぬくために、おばあさん、まご、いぬ、ねこを呼んできますが、ぬけません。そして、「やまば」に入り、ねずみを呼んできて六人で引っ張ると、「とうとう、かぶは　ぬけました。」となります。

クライマックスは、この「とうとう、かぶは　ぬけました。」です。かぶがぬけることで、六人の願いがかない、協力したことがわかるからです。

事件の展開を読む

⑶場面でおじいさんは「『うんとこしょ、どっこいしょ。』」とかけ声をかけます。おばあさん、まご、いぬ、ねこを呼んできてかぶをぬこうとするときも、「『うんとこしょ、どっこいしょ。』」と同じ言葉をくり返していますが、かけ声は一つだけです。それは、みんなが気持ちを合わせてかけ声を上げているからです。また、「かぶは　ぬけません。」の言葉をくり返していますが、その前の言葉が微妙にちがいます。「けれども」「それでも」「やっぱり」「まだまだ」「なかなか」と言葉がだんだん変わります。それは引っ張る人のかぶをぬきたいという思いがどんどん強まるからです。同時に、かぶをぬけない悔しさもだんだん強まります。だからこそ、ねずみも加わって引っ張る場面では、みんなの気持ちが「とうとう、かぶは　ぬけました。」に込められているのです。

物語に登場する人物の順序からも「協力」の意味が読み取れます。最後に加わるねずみがいなければ、かぶはぬけません。ねずみの力は小さな力ですが、極めて大切な力であり、大事な役割を果たしていることがわかります。そして、順序にはもう一つの意味があります。それは、いぬがねこを呼ぶことです。いぬとねこは本来は仲がよくありませんが、一つの目標のために力を合わせます。また、ねこがねずみを呼ぶこともあり得ません。天敵ともいえる関係にあるからです。にもかかわらず、力を合わせます。この順序から、好き嫌いの関係を超えて、力を合わせたからこそ、かぶはぬけたことが読み取れます。

物語のおもしろさを読む

この物語では、「うんとこしょ、どっこいしょ」の言葉がくり返し出てきます。「うんとこしょ」「どっこいしょ」はともに五音で、リズムがよく、力を入れてかぶを引っ張る様子が表現されています。また、「けれども」「それでも」などの言葉によって、かぶがぬけないことを予想できます。このように、この物語には表現技法のおもしろさがあります。

さらに、この物語は自分より体の小さい、力の弱いものを呼んでいます。このことにより、小さいもの、力の弱いものでもいなかったら、かぶはぬけないことに気づかせてくれます。

2 「スイミー」(2年生)の教材研究実践ガイド

場面分けをする

「スイミー」(光村図書『こくご二上』令和六年度版)は、五つの場面に分かれています。(1)場面は「小さな魚のきょうだいたちと楽しくくらしているスイミー」、(2)場面は「小さな魚のきょうだいたちがまぐろに飲み込まれてしまい、一ぴきだけで逃げるスイミー」、(3)場面は「海の中でくらげやいせえびなどのおもしろいものを見つけて元気になるスイミー」、(4)場面は「新しいきょうだいたちを見つけ、大きな魚(まぐろ)を追い出す訓練をするスイミー」、(5)場面は「自分が大きな魚の目になって、魚のふりをし、力を合わせて大きな魚(まぐろ)を追い出したスイミー」が描かれています。

文章の構成を読む

この物語は、「まえばなし」「ひろがり」「やまば」の三部構成で、「あとばなし」はありません。「まえばなし」では、からす貝よりも真っ黒で、泳ぐのが速いスイミーが、小さな魚のきょうだいたちと楽しく暮らしていたことが説明されています。

事件は、「ある　日、おそろしい　まぐろが、~　ミサイルみたいに　つっこんで　きた。」から始まります。そして、まぐろは、一口で小さな魚のきょうだいたちを飲み込んでしまいます。ここから、ス

場面	範囲	内容
1	広い 海の どこかに、～ 名前は スイミー。	スイミーは、小さな魚のきょうだいたちとたのしくくらしていた。
2	ある 日、おそろしい まぐろが、～ とても かなしかった。	まぐろが小さな魚たちを飲み込み、スイミーだけが、逃げることができた。
3	けれど、海には、～ いそぎんちゃく。	スイミーは、海の中でくらげ、いせえび、うなぎ、いそぎんちゃくなどを見つけて、元気になる。
4	その とき、岩かげに ～ みんな、もちばを まもる こと。	スイミーは、小さな魚のきょうだいたちと力を合わせ、まぐろを追い出す訓練をする。
5	みんなが、一ぴきの ～ 大きな 魚を おい出した。	スイミーは、大きな魚の目になって、魚のふりをし、まぐろを追い出した。

まえばなし ／ じけん（ひろがり ／ やまば）

おはなしのはじまり
広い 海の どこかに、――

じけんのはじまり
――ある 日、おそろしい まぐろが、

やまばのはじまり
その とき、岩かげに――

クライマックス
みんなが、一ぴきの ～「ぼくが、目に なろう。」

じけんのおわり＝おはなしのおわり
――大きな 魚を おい 出した。

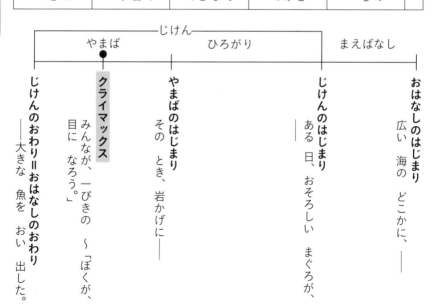

イミーとまぐろとのかかわりが始まります。

スイミーが新たな「小さな魚のきょうだいたち」を見つけるところからが「やまば」です。「やまば」にあるクライマックスは、次の二つが考えられます。

A　それから、とつぜん、スイミーは　さけんだ。「そうだ。みんな　いっしょに　およぐんだ。海で　いちばん　大きな　魚の　ふりを　して。」

B　みんなが、一ぴきの　大きな　魚みたいに　およげるように　なった　とき、スイミーは　言った。「ぼくが、目に　なろう。」

Aは直前に「スイミーは　かんがえた。いろいろ　かんがえた。うんと　かんがえた。」とあるように、長い時間苦しみながら考えたすえに「とつぜん」叫び、新しい考えを提案して、大きな魚（まぐろ）を追い出すことになります。

一方、Bは、『ぼくが、目に　なろう。』とスイミーが目になることで大きな魚が完成することを示しています。そして、「みんなが、一ぴきの　大きな　魚みたいに　およげるように　なった　とき」とあるのだから、それ以前はまだ大きな魚になっていないことがわかります。だから、クライマックスは大きな魚が完成したBです。

中心人物の変容を読む

スイミーは、自分だけがからす貝よりも真っ黒でも、小さな魚のきょうだいたちと楽しくくらしています。それが、まぐろの襲撃により、仲間が一口で飲み込まれてしまい、こわくさびしくかなしい思いをします。しかし、くらげやいせえびなどの海中生物に出会い、だんだん元気を取り戻します。そのとき、岩場で小さな魚のきょうだいたちを新たに見つけることで、スイミーは変容していきます。まぐろから逃げるのではなく、まぐろを追い出すためにどうしたらいいか考え続けます。そして、海でいちばん大きな魚のふりをして、みんなで泳ぐという方法を見つけ、追い出すための訓練をします。スイミーが離ればなれにならないようにすることや持ち場を守ることをわざわざ言ったということは、それだけ「大きな魚」をつくることがむずかしいのです。それを、スイミーはやりとげ、最後に「ぼくが、目に　なろう」と宣言し、「大きな魚」を完成させ、リーダーとして成長します。

物語のおもしろさを読む

この物語では、大事な事件の節目に当たるところはすべて倒置法が使われています。「スイミーはおよいだ、くらい　海の　そこを。」など四箇所です。また、「にじ色の　ゼリーのような　くらげ。」などの比喩や体言止めも使われています。体言止めにすることにより、「くらげ」「いせえび」「魚たち」「こんぶやわかめの林」「うなぎ」「いそぎんちゃく」などが、まるで絵のように読者の前に浮かび上がってきます。そして、文体にリズムも出ます。

この物語には、倒置法や比喩や体言止めなどの表現技法のおもしろさがあります。

第5章 教材研究＆実践〈物語〉

3 「モチモチの木」（3年生）の教材研究実践ガイド

場面分けをする

斎藤隆介の物語「モチモチの木」（光村図書『国語三下』令和六年度版）は、「おくびょう豆太《まめた》」「やい、木ぃ」「霜月《しもつき》二十日のばん」「豆太は見た」「弱虫でも、やさしけりゃ」の小見出しがついていて、五つの場面に分かれています。⑷場面の「豆太は見た」が、豆太のいちばん大きく変化するところです。

文書の構成を読む

この物語の導入部は、「おくびょう豆太《まめた》」と「やい、木ぃ」の二つの場面です。これらの場面では、豆太の毎日くり返されている日常生活が説明されています。すなわち、「おくびょう豆太《まめた》」では、「夜中には、じさまについてってもらわないと、一人じゃしょうべんもできないのだ。」「豆太が『じさまぁ。』って、どんなに小さい声で言っても、『しょんべんか。』と、すぐ目をさましてくれる」と、毎晩、くり返されていることが説明されています。「やい、木ぃ」でも、じさまが豆太のしょんべんについていってくれることについて、「じさまは、かならずそうしてくれるんだ。」とくり返されていることを説明しています。

場面	範囲	内容
1	おくびょう豆太《まめた》	豆太の紹介。
2	やい、木ぃ	モチモチの木の説明。
3	霜月《しもつき》二十日のばん	今夜は、モチモチの木に灯がともることを豆太はじさまから聞く。
4	豆太は見た	豆太は、モチモチの木に灯がついているのを見る。
5	弱虫でも、やさしけりゃ	じさまが、豆太にやさしさがあればいいことを話す。

導入部　展開部　山場　終結部

事件

冒頭
おくびょう豆太《まめた》
全く、豆太ほどおくびょうなやつはない。
―

発端
霜月《しもつき》二十日のばん
そのモチモチの木に、今夜は、灯《ひ》がともるばん―

山場の始まり
豆太は見た
豆太は、真夜中に、ひょっと目をさました。―

クライマックス
豆太は、小屋へ入るとき、～「モチモチの木に、灯がついている。」

結末
―湯をわかしたりなんだり、いそがしかったからな。

終わり
――しょんべんにじさまを起こしたとさ。

第5章
教材研究&実践〈物語〉

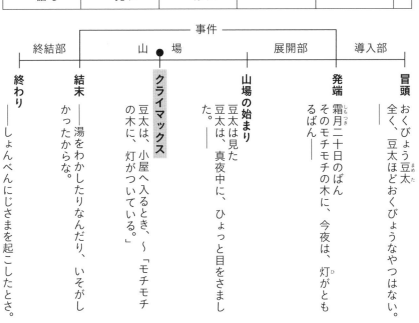

それに対して、「霜月《しもつき》二十日のばん」からは、ある日ある時の描写が始まり、日常とはちがう「事件」が起こります。じさまの急病によって、豆太はこれまでとはちがった新たな行動を起こします。そして、豆太と夜のモチモチの木の関係が変化していきます。この変化が生まれるきっかけの発端が「霜《しも》月《つき》二十日のばん」です。

夜のモチモチの木と豆太の関係がもっとも大きく変わるのが「豆太は見た」の場面にあるクライマックスです。クライマックスは、次の二つが考えられます。

A 「医者様をよばなくっちゃ。」〜 ねまきのまんま。はだしで。半道《はんみち》もあるふもとの村まで——。
B 豆太は、小屋へ入るとき、〜「モチモチの木に、灯がついている。」

Aをクライマックスだと考える理由は、夜のモチモチの木をこわがって、一人で外へ出ることができなかったおくびょうな豆太が、たった一人で暗い夜の中へかけ出していくからです。これは、豆太にとって大きな変化です。また、医者様を呼びにかけて行く様子には緊張感があります。しかし、この場面には、モチモチの木が出てこないので、豆太とモチモチの木の関係がどう変化したかがわかりません。

これに対して、Bでは豆太が『モチモチの木に、灯がついている。』のを見ることができ、豆太にとって夜のモチモチの木は「こわいもの」ではなくなり、夜のモチモチの木と豆太の関係が大きく変化します。したがって、クライマックスは豆太の変容が確定するBです。

中心人物の変容を読む

『モチモチの木に、灯がついている。』のを見るのは、豆太にとって初めての体験です。だから、

「ふしぎなものを見た。」のです。「ふしぎなもの」なので、こわがっていないことがわかります。また、展開部でじさまが言っていた「山の神様のお祭り」としてのモチモチの木の灯を見たのだから、ここで豆太が「勇気のある子ども」になったことがわかります。『〜おらは、とってもだめだ——。』と言っていた豆太が大きく変容したのです。このことから、豆太とモチモチの木の関係が大きく変化し、「おくびょう豆太」から「勇気のある子ども」になることができたとわかります。

物語のおもしろさを読む

この物語では、終結部のおもしろさに焦点を当てて再読します。物語の最後の三行となる「——それでも、豆太は、〜　しょんべんにじさまを起こしたとさ。」があることによって、人間はそう簡単には変われるものではないことを示しています。そして、いつもは勇気を出せなくても、ある条件のもとでは普通の人間でも勇気を出せることがあることを示しています。

また、この物語では、じさまは『霜月の二十日のうしみつにゃぁ、モチモチの木に灯がともる。〜』と言います。そういう一日だけのその日に、いつもは元気そうなじさまが急病になります。だから、豆太は勇気を出すことができたという仕かけのおもしろさがあります。

4 「ごんぎつね」(4年生)の教材研究実践ガイド

場面分けをする

「ごんぎつね」(光村図書『国語四下』令和六年度版)は、「1」「2」「3」「4」「5」「6」と場面が番号で示されています。(1)場面は「いたずらをするごん」、(2)場面は「後悔するごん」、(3)場面は「つぐないをするごん」、(4)場面は「兵十の思いを知りたくて兵十のあとをつけるごん」、(5)場面は「くりや松たけは神様のしわざだと兵十が思っているので、引き合わないと思うごん」が描かれています。一方、(6)場面は「くりや松たけを届けたのはごんだと気づく兵十」が描かれています。

文章の構成を読む

この物語は、ごんと兵十の出会い、誤解によるすれちがい、火縄銃を撃つ・撃たれる、誤解が解けるといった構成になっています。その事件の始まりが発端です。

導入部では、『ごんぎつね』という「きつね」「ひとりぼっちの小ぎつね」「いたずらばかりしました。」などとごんの人物像が紹介されています。そして、発端の「ある秋のことでした。」から、ごんと兵十が出会い、ごんと兵十のかかわりによる事件が始まります。

山場は、兵十がごんを撃ち、その直後に「ごん、おまいだったのか」と気づく箇所を含む部分です。

場面	範囲	内容
1	これはわたしが小さいときに、～ 草の葉の上にのせておきました。	ごんは、いたずらをして、兵十にぬすっとぎつねと思われてしまう。
2	十日ほどたって、～ あんないたずらをしなけりゃよかった。」	兵十のおっかあが死んだことを知り、ごんはいたずらしたことを後悔する。
3	兵十が赤い いどの ～ 松たけも二、三本、持っていきました。	ごんはうなぎのつぐないに、兵十にくりや松たけを毎日届ける。
4	月のいいばんでした。～ 声が聞こえてきました。	お念仏の日に、兵十の思いを知りたくてごんは兵十のあとをつけていく。
5	ごんは、お念仏がすむまで、～ おれは引き合わないなあ。」	くりや松たけは神様のしわざだと兵十が思っているので、ごんは引き合わないなあと思う。
6	その明くる日も、～ つつ口から細く出ていました。	兵十はごんを火なわじゅうで撃ってから、ごんのしわざだったことを知る。

導入部　展開部　山場　（事件）

冒頭　これは、わたしが小さいときに、村の茂平《もへい》というおじいさんから聞いたお話です。――

発端　ある秋のことでした。――

山場の始まり　その明くる日も、ごんは、くりを持って、兵十のうちへ出かけました。――

クライマックス　「ごん、おまいだったのか、いつも、くりをくれたのは。」／ごんは、ぐったりと目をつぶったまま、うなずきました。

結末＝終わり　――青いけむりが、まだつつ口から細く出ていました。

第5章 教材研究&実践〈物語〉

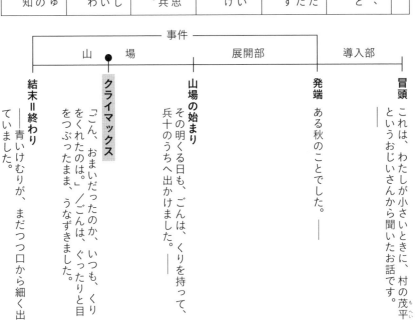

この山場に、ごんと兵十の関係がもっとも大きく変わるクライマックスがあります。クライマックスは、次の二つが考えられます。

A　そして、足音をしのばせて近よって、今、戸口を出ようとするごんを、ドンとうちました。／ごんは、ばたりとたおれました。

B　「ごん、おまいだったのか、いつも、くりをくれたのは。」／ごんは、ぐったりと目をつぶったまま、うなずきました。

Aは、兵十がごんを火縄銃で撃つのだから決定的な場面です。また、「足音をしのばせる」「近よる」「ドンとう」つと密度が濃い描写にもなっています。さらに、緊迫感、緊張感もあります。

Bは、「ぬすみやがった」「あのごんぎつねめ」と憎しみをもち続けていた兵十が、「ごん」「おまい」と人間のような呼び方をし、ごんがそれに応えてうなずき、二人の関係が大きく変化しています。また、「ごん、おまいだったのか、いつも、くりをくれたのは。」と会話文になっていて、描写の密度も濃くなっています。さらに、表現技法として、倒置法も使われていて、表現上の工夫がなされています。

この物語の事件は、「ごんの兵十に対する見方」と「兵十のごんに対する見方」のズレと解決であることから考えると、クライマックスは、二人のすれちがい、誤解が解消されるBということになります。

中心人物の変容を読む

ごんは、兵十への思いが、次のように変化していきます。『ちょっ、あんないたずらをしなけりゃよかった。』（後悔する）→『おれと同じ、ひとりぼっちの兵十か。』（親近感をもつ、共感する）→

兵十のかげぼうしをふみふみついて行く（自分が届けたことをわかってほしい）→『へえ、こいつはつまらないな。』（兵十へ強い思いを抱く）→その明くる日も、兵十の家にくりを持って行く（つながりたい、わかってほしい）。

これに対して、兵十は「『ごん、おまいだったのか、いつも、くりをくれたのは。』」の言葉までずっとごんを「ぬすっとぎつね」と思い続けています。「ぬすっとぎつね」と憎んでいたごんが、自分のためにくりを届けてくれたことを知った兵十は、「ごん」「おまい」と呼び、人間と人間のような接し方へと変化し、今まで遠い存在だったごんを、近くて親しみのある存在として思うようになります。

物語のおもしろさを読む

この物語では、導入部の「ひとりぼっちの小ぎつね」は、ごんが「『おれと同じ、ひとりぼっちの兵十か。』」と共感する伏線になっていて、「いたずらばかりしました。」は、ごんと兵十の誤解の伏線になっています。

この物語では、⑹場面ではじめて語り手は兵十の心の内に入り込みます。「こないだ、うなぎをぬすみやがったあのごんぎつねめが、またいたずらをしに来たな。」は兵十の心の声です。また、「と、きつねがうちの中に入ったではありませんか。」も兵十のごんに対する見方を示しています。このように、語り手が兵十の心の内に入り込むことによって、兵十のごんに対する見方をつかむことができます。

この物語には、伏線や仕かけのおもしろさ、視点の変化のおもしろさがあります。

5 「大造じいさんとガン」(5年生)の教材研究実践ガイド

場面分けをする

「大造じいさんとガン」(光村図書『国語五』令和六年度版)は、「1」「2」「3」「4」と場面が番号で示されています。⑴場面は「ウナギつりばり作戦で失敗する大造じいさん」、⑵場面は「タニシばらまき作戦で失敗する大造じいさん」、⑶場面は「おとりのガン作戦で残雪を撃つことをやめ、残雪を今までとはちがう目で見る大造じいさん」、⑷場面は、「捕まえた残雪を春に大空へ解き放つ大造じいさん」が描かれています。

文章の構成を読む

導入部は、物語を書くまでの経緯が示されています。

「わたし」が七十二歳の大造じいさんに三十五、六年も前のガンがりの話を聞いて、その話を土台として物語を書いたことが語られ、⑴場面の「今年も、残雪は、～　ぬま地にやって来ました。」から、大造じいさんと残雪の事件が始まります。

そして、「残雪がやって来たと知ると、～　かねて考えておいた特別な方法に取りかかりました。」と続きます。ここから大造じいさんの残雪へのかかわりが始まります。

場面	範囲	内容
前書き	知り合いのかりゅうどに～ この物語をお読みください。	語り手が、老かりゅうどからガンがりの話を聞いた経緯が述べられる。
1	今年も、残雪は、～ 感じたのでありました。	大造じいさんは、ウナギつりばり作戦で失敗する。
2	その翌年も、残雪は、～ うなってしまいました。	大造じいさんは、タニシばらまき作戦で失敗する。
3	今年もまた、～ ただの鳥に対しているよう気がしませんでした。	大造じいさんは、おとりのガン作戦で残雪を撃たず、にらみつける残雪を今までとちがう目で見る。
4	残雪は、大造じいさんのおりの中で、～ いつまでも、見守っていました。	大造じいさんは、捕まえた残雪を春に大空へ解き放つ。

導入部　展開部　山場　終結部
事件（発端～結末）

冒頭　——知り合いのかりゅうどにさそわれて、

発端　今年も、残雪は、～ ぬま地にやって来ました。——

山場の始まり　今年もまた、～ ガンの来る季節になりました。——

クライマックス　大造じいさんは、～ ただの鳥に対しているような気がしませんでした。

結末　——ただの鳥に対しているような気がしませんでした。（＊クライマックス＝結末）

終わり　——いつまでも、いつまでも、見守っていました。

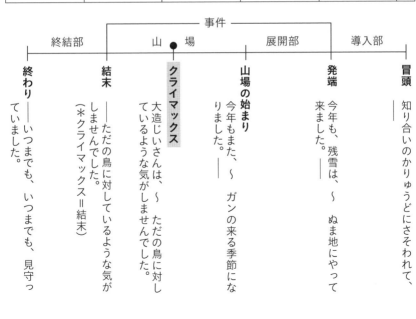

(3)場面にクライマックスがありますが、次の二つが考えられます。

A　大造じいさんは、ぐっとじゅうをかたに当て、残雪をねらいました。が、なんと思ったか、再びじゅうを下ろしてしまいました。

B　大造じいさんは、強く心を打たれて、ただの鳥に対しているような気がしませんでした。

Aは、大造じいさんは残雪を撃とうとしていたのに、「じゅうを下ろしてしまい」、これまで負け続けていた残雪をしとめる絶好の機会を逃します。ここは、大造じいさんの残雪に対する見方が大きく変容したと読み取れます。「残雪をねらう」「じゅうを下ろす」と、密度の濃い描写が続きます。さらに、「残雪をねらいました。」という緊迫感・緊張感もあります。

一方、Bの少し前の記述を見ると、こちらも詳しい描写になっていきます。大造じいさんが傷ついた残雪に近づくと、残雪は大造じいさんを「正面からにらみつける」「大造じいさんが手をのばす」「残雪は、もうじたばたさわがない」と描写の密度が濃くなっています。この残雪の姿により、「大造じいさんは、強く心を打たれて、ただの鳥に対しているような気がしませんでした。」と残雪に対する見方がもっとも大きく変容しています。そして、「強く心を打たれ」と緊迫感・緊張感もあります。

この物語は、大造じいさんと残雪の戦いの話ではなく、大造じいさんの残雪に対する見方がだんだん変化し、まるで人間と人間のような感覚になる話です。したがって、クライマックスはBになります。

中心人物の変容を読む

大造じいさんは、残雪のことを「頭領らしい、なかなかりこうなやつ」と見つつも、「たかが鳥」

と思って「ウナギつりばり作戦」を行いますが、うまくいきません。次に、「タニシばらまき作戦」を行いますが、これもうまくいかず、「ううん。」とうなってしまいます。ここで、大造じいさんの残雪に対する見方が変わってきます。そこで、今度は「おとりのガン作戦」で残雪をしとめようとしますが、仲間を救うためにハヤブサと戦う残雪の姿を見て、大造じいさんの気持ちはさらに変わります。そして、大造じいさんの残雪に対する見方がもっとも大きく変わったのは、クライマックスの「強く心を打たれて、ただの鳥に対しているような気がしませんでした。」の一文です。「たかが鳥」として見下していたのが、残雪を尊敬し、まるで人間と人間のような感覚に見方が変容します。

物語のおもしろさを読む

この物語では、情景描写を通して大造じいさんの心情が表現されています。例えば、「東の空が真っ赤に燃えて」という表現は、大造じいさんの心が燃えて、やる気に満ちた心情を表しています。また、終結部の「らんまんとさいたスモモの花が、その羽にふれて、雪のように清らかに、はらはらと散りました。」の部分でも、情景描写による大造じいさんの心情が表されます。大造じいさんが、残雪に堂々と戦おうと呼びかけるときのすがすがしい心情が、「らんまん」と咲く花や、「清らかに、はらはら」と散る様子に表されています。

この物語は、大造じいさんの心情が心情表現や情景描写によってうまく表現されています。

6 「海の命」(6年生)の教材研究実践ガイド

場面分けをする

「海の命」(光村図書『国語六』令和六年度版)は、六つの場面に分かれています。(1)場面は「巨大なクエにもりを打ち、ロープが絡まって死んだ父」、(2)場面は「中学校を卒業して与吉じいさの弟子になった太一」、(3)場面は「ねむるように死んでいた与吉じいさ」、(4)場面は「父が死んだ瀬にもぐる太一」、(5)場面は「敵のクエにもりを打たなかった太一」、(6)場面は「村一番の漁師であり続けた太一」のことが描かれています。

文章の構成を読む

「海の命」は、導入部――展開部――山場――終結部という四部構成の物語です。この物語は、太一が中学校卒業の夏に与吉じいさに弟子入りをたのみに行ったところから事件が動き出します。太一と与吉じいさとのかかわりは、このあとクライマックスの太一の変化に大きく関係します。

クライマックスは、太一が長年追い求めてきた父の敵と思われる巨大なクエと出会う部分にあります。「追い求めているうちに、不意に夢は実現するものだ。」から山場に入り、クライマックスに至ります。そこで太一にとって不思議なことが起こります。自分自身でも考えていなかった変化が生まれ、敵

場面	範囲	内容
1	父もその父も、～　方法はなかったのだった。	太一の父が巨大なクエにもりを打ち、ロープが絡まって死んだことが語られる。
2	中学を卒業する年の夏、～　ブリになったりした。	中学校を卒業した太一は、与吉じいさの弟子になる。
3	弟子になって何年もたったある朝、～　海に帰っていったのだ。	与吉じいさは、太一を村一番の漁師と認め、ある日ねむるように死ぬ。
4	ある日、母は　～　太一は興味をもてなかった。	太一は、母の心配をよそに父が死んだ瀬にもぐるようになる。
5	追い求めているうちに、～　海の命だと思えた。	太一は巨大なクエを見つけるが、もりを打たずに、クエをおとうと思うことにする。
6	やがて、太一は　～　だれにも話さなかった。	太一は村一番の漁師であり続け、クエにもりを打たなかったことをだれにも話さなかった。

導入部　展開部　山場　終結部
事件

冒頭　父もその父も、～　住んでいた海に、――

発端　中学校を卒業する年の夏、～　弟子《でし》にしてくれるようたのみに行った。――

山場の始まり　追い求めているうちに、不意に夢は実現するものだ。――

クライマックス　「おとう、ここにおられたのですか。また会いに来ますから。」／こう思うことによって、太一は瀬の主を殺さないで済んだのだ。

結末　――大魚はこの海の命だと思えた。

終わり――もりを打たなかったことは、もちろん太一は生涯だれにも話さなかった。

第5章　教材研究&実践〈物語〉

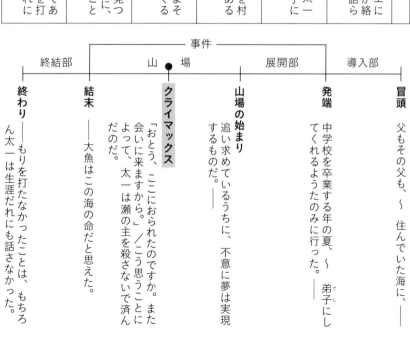

のクエをもりで打つことをやめてしまいます。クライマックスはこの事件の決定的な節目の部分になり、太一の変容が読み取れる次の箇所です。

「おとう、ここにおられたのですか。また会いに来ますから。」
こう思うことによって、太一は瀬の主を殺さないで済んだのだ。

中心人物の変容を読む

父が巨大なクエを捕ることに失敗して亡くなってから、太一は敵のクエを殺すことで父を超えようとします。太一は、父のもぐり漁をめざしながらも、父と対照的な漁をする与吉じいさに弟子入りします。与吉じいさは、父とはちがい一本づりの漁師で、千びきに一ぴきつればいいという考えで必要のない漁はしません。長い年月の中で、与吉じいさの生き方にも触れることによって、太一は自分の生き方を見つめ直します。

そして、クライマックスで目の前のクエにもりを打つことをギリギリのところでやめ、太一は今までの生き方を変えることにします。

『おとう、ここにおられたのですか。』からは、このクエを父だと思ったと読み取れます。しかし、「こう思うことによって」と書かれているので、実際にそう思っているのではなくて、自分にそう言い聞かせたということになります。また、「殺さないで済んだのだ。」からも、殺さなければいけないのに、殺さないようにすることができたということになります。このことから、父の敵であるクエにもりを打たないと一人前の漁師になれないと思う自分と、クエの目がおだやかに見え、自らほほえみ、クエに向かってえがおを作ろうとする自分が太一の中で混在していることがわかります。太一はここでクエを殺そうとする自分と、クエを殺してはいけないという自分との間で葛藤します。

父の敵であるクエを殺すということは、父に認めてもらえる一人前の漁師になるということです。一方、クエを殺さないということは、与吉じいさが語ったように『千びきに一ぴきでいいんだ』と自分の捕りたい分の魚はいつでもつれるような名人としての漁師になるということです。太一の生き方は、クライマックスで「千びきに一ぴきしかとらない」漁師になることへと変容したのです。

物語のおもしろさを読む

この物語では、まったく対照的な生き方をする父と与吉じいさが重要な意味をもっています。父のような誰にももぐれない危険な瀬にたった一人でもぐり、岩かげにひそんだクエを打つ漁師としての生き方と、与吉じいさのように「千びきに一ぴきしかとらない」漁師としての生き方が、太一の中で交錯します。すなわち、巨大なクエを殺さなければいけないという自分と、殺してはいけないという自分との間で太一が揺れています。そのことが、「こう思うことによって」や「殺さないで済んだのだ。」の言葉でうまく表現されています。

この物語は、ただの敵討ちの話ではありません。対象的な生き方をする父と与吉じいさというわかりやすい人物設定と事件展開で描いた優れた作品です。

COLUMN 5

「この場面の○○の気持ちを考えよう」ばかりをくり返す授業になってしまったら

物語の授業では、まず「場面分け」を行い、その場面分けに沿って順番に「場面読み」をすることが一般的です。そして、「この場面の○○の気持ちを考えてみましょう」といった発問を、各場面ごとにくり返していくのが、物語の授業の定番になっています。

しかし、このような方法では、物語の中心人物の変容やその因果関係を読み取っていくことができません。物語を場面ごとに区切って読むのではなく、まずは物語を丸ごと読んで、物語の全体像をつかむことが大事なのです。その際、クライマックスはどこなのかをとらえるようにします。物語の中で、中心人物の変容がもっとも大きいのがクライマックスだからです。次に、中心人物の変容に焦点を当てて詳しく読み取っていきます。

このように、物語の読み取りで大事なことは、中心人物の気持ちを場面ごとに勝手に想像して読むのではなく、具体的に中心人物がどんなことによって、どのように変容したかを読み取ることです。

物語で何を読み取ればいいかをしっかり課題設定して授業をすれば、「○○の気持ちを考えてみましょう」をくり返す授業にはならないでしょう。

第6章

定番教材のポイントがわかる！
教材研究スキルと実践ガイド
〈説明文〉

0 説明文の教材研究スキル

段落番号をふって、段落のまとまりがもつ役割を押さえる

説明文を読んでいくときは、始まりの文から終わりの文までをなんとなく読むのではなく、段落を意識しながら読むことが大事です。段落とは、いくつかの文が集まってできたひとまとまりのことです。筆者の言いたいことが一つのまとまりとして書かれているので、段落番号をふって段落を意識して読みます。

一つの説明文は、たくさんの段落で構成されていますが、段落によってそのはたらきはちがいます。

- **「前書き」「話題提示」の段落――何について述べるのか読者に話題を示す段落**
- **「問い」「問題提示」の段落――「～でしょうか」「～でしょう」と問いかけている段落**
- **「結論」の段落――文章のはじめに筆者の主張を述べている段落**
- **「答え」の段落――「問い」に対して具体的な事例を挙げ、答えている段落**
- **「まとめ」の段落――「問い」に対する全体の内容のしめくくり、まとめを述べている段落。筆者の考え、感想なども述べられていることが多い**
- **「結論」の段落――文章のおわりに筆者の主張を再度述べている段落**

なお、説明文には、まとめが最後にある。「**尾括型**」（「こまを楽しむ」「すがたをかえる大豆」「アッ

プとルーズで伝える」など）、まとめが最初にある「**頭括型**」（「はたらくじどう車」など）、まとめ・結論が最初と最後にある「**双括型**」（「想像力のスイッチを入れよう」「時計の時間と心の時間」など）の三つのタイプがあります。低学年・中学年の教科書には「尾括型」の説明文が多く掲載されていて、高学年の教科書には「双括型」の説明文が多く掲載されています。

文章の構成を読む

説明文の文章構成は、「**はじめ――なか――おわり**」の三部構成です。「はじめ」は、話題を示す段落や「問い」の段落や筆者の主張を述べている段落です。「なか」は、具体的な事例を挙げて説明している「答え」の段落です。「おわり」は、文章全体の内容のまとめや結論が書いてある段落です。

説明文に番号をふった段落が、「はじめ」「なか」「おわり」のどこに相当するのかを考えます。まず、「はじめ」がどこまでかを決めます。そのことによって、その文章が何について述べようとしているかが明らかになります。文章によっては、問題提示（問い）がないものもあります。その場合は、話題提示で何について述べるかが大まかに示されています（「すがたをかえる大豆」など）。「はじめ」がなく、題名が問題提示や話題提示になっている場合もあります（「たんぽぽのちえ」「『鳥獣戯画』を読む」など）。

次に、「おわり」がどこまでかを決めます。「おわり」は、まとめや結論が述べられていて、述べ方が抽象的になっているのが特徴です。「なか」が具体的に述べられているのに対して、「おわり」は抽象的な述べ方になっているのが一般的です。また、「おわり」は「はじめ」と照応させて読むと見つけやすくなります。「はじめ」の問題提示に対して、どのようにまとめられているかという観点をもって考え

第6章
教材研究＆実践〈説明文〉

ると、「おわり」がどこからかが見えやすくなってきます。「はじめ」と「おわり」が明らかになれば、残された段落が「なか」ということになります。

「はじめ――なか――おわり」が明らかになったあとは、「なか」を内容のまとまりごとに「なか1」「なか2」「なか3」……といくつかに分けて、「なか」がどのように述べられているかを明らかにします。そして、「なか」を内容のまとまりごとに分けたら、小見出しをつけます。小見出しをつけることで、どのような内容のまとまりかが鮮明になるからです。小見出しは、「いったりにたりするくふう」「こなにひくくふう」「えいようを取り出すくふう」などと、そのまとまりが何について述べているかがわかるように短い語句で表現します。

文章の論理関係を読む――中心になる段落、中心になる文を把握する

「はじめ――なか――おわり」の文章構成を読み取ったら、「答え」が述べられている、「なか1」「なか2」「なか3」……の中心になる段落や中心になる文を見つけます。中心になる段落は意味段落の中で、まとめて説明している段落です。例えば、「ありの行列」（光村図書『国語三下』令和六年度版）の⑦段落と⑧段落は、次のようになっています。

⑦この研究から、ウイルソンは、ありの行列のできるわけを知ることができました。
⑧はたらきありは、えさを見つけると、道しるべとして、地面にこのえきをつけながら帰るのです。ほかのはたらきありたちは、そのにおいをかいで、においにそって歩いていきます。

⑦段落を⑧段落が詳しく説明しているので、まとめて説明している⑦段落が中心になる段落です。ま

た、中心になる文はいくつかの文が集まってできている段落の中で、まとめて説明している文です。例えば、「こまを楽しむ」（光村図書『国語三上』令和六年度版）の第二段落は四つの文で書かれています。

①色がわりごまは、回っているときの色を楽しむこまです。
②こまの表面には、もようがえがかれています。
③ひねって回すと、もように使われている色がまざり合い、元の色とちがう色にかわるのがとくちょうです。
④同じこまでも、回すはやさによって、見える色がかわってきます。

①文を②〜④文が詳しく説明しているので、①文が中心になる文です。このように、中心になる段落や中心になる文を見つけることで、「問題提示」に対応する「答え」を見つけることができます。

説明文を吟味する

説明文を読み取ったら、最後に説明文を再読して評価や批評を行います。その際、筆者の述べ方の工夫に焦点を当てて批評します。観点は、次のようにします。

- **読者が読みたくなるような興味や関心を引く工夫**（「『鳥獣戯画』を読む」など）
- **わかりやすい段落構成の工夫**（「こまを楽しむ」「想像力のスイッチを入れよう」など）
- **身近なこと、知っていることから説明を始める工夫**（「じどう車くらべ」「すがたをかえる大豆」など）
- **興味や関心を引く用語の工夫**（「たんぽぽのちえ」など）
- **わかりやすい図表、グラフ、写真、挿絵の工夫**（「アップとルーズで伝える」など）

第6章 教材研究&実践〈説明文〉

1 「じどう車くらべ」（1年生）の教材研究実践ガイド

文書の構成を読む

「じどう車くらべ」（光村図書『こくご一下』令和六年度版）は、はじめに「それぞれの　じどう車は、どんな　しごとを　して　いますか。」「その　ために、どんな　つくりに　なって　いますか。」と文章全体にかかわる大きな問いが二つあります。それを受けた答えの部分は、「バスや　じょうよう車」「トラック」「クレーン車」と三つの「かたまり」に分かれています。文章全体は四つのまとまりに分かれますが、まず「問い」のまとまりがあり、そのあとに三つの「答え」のまとまりが続くかたちになっています。

「問い」の「しごと」「つくり」に対応して、それぞれの「答え」のまとまりでは、「しごと」「つくり」について述べられていることを確かめることが大事です（以下、文に①から⑫の通し番号をふって説明します）。

文どうしの関係を読む

三つの「かたまり」の「答え」の部分は、それぞれ三文からなっています。「バスや　じょうよう車」は、④文で「人をはこぶ」しごとをしていると答えています。そして、⑤文で「ざせきがひろい」つくり、

問い	答え		
②それぞれの　じどう車は、どんな　しごとを　して　いますか。 ③その　ために、どんな　つくりに　なって　いますか。	答え1「バスや　じょうよう車」 ④「しごと」 ⑤「つくり1」 ⑥「つくり2」	答え2「トラック」 ⑦「しごと」 ⑧「つくり1」 ⑨「つくり2」	答え3「クレーン車」 ⑩「しごと」 ⑪「つくり1」 ⑫「つくり2」

「問い」が２つあることを押さえることが大事です

１つ目の「問い」の答えは、④文、⑦文、⑩文です。２つ目の「問い」の答えは、⑤⑥文、⑧⑨文、⑪⑫文です

⑥文で「大きなまどがたくさんある」つくりになっていると答えています。同じパターンで「トラック」については、⑦文で「にもつをはこぶ」しごとをしていると答えています。そして、⑧文で「にだいがひろい」つくり、⑨文で「タイヤがたくさんある」つくりになっていると答えています。また、「クレーン車」についても、⑩文で「おもいものをつり上げる」しごとをしていると答えています。そして、⑪文で「うでがのびたり、うごいたりする」つくり、⑫文で「あしがついている」つくりになっていると答えています。

問いに対する答えでも「しごと」と「つくり」の区別を見分けられるようにすることが大事です。そして、「つくり」が二つに分かれていることを押さえます。

また、「しごと」と「つくり」が互いに関係していることも押さえます。その「しごと」を達成するために、それにふさわしい「つくり」になっていて、「そのために」で「しごと」と「つくり」がつなげられています。

文章の工夫を読む

「じどう車くらべ」には、次のような述べ方の工夫があります。

一つ目は、「答え」が二つの「問い」の順序と対応するように書かれています。すなわち、二つの「問い」は、「しごと」「つくり」の順序になっていて、「答え」も「しごと」「つくり」の順序になっています。

二つ目は、「問い」と「答え」には「そのために」があるので、「つくり」の答えがすぐ見つかります。「その　ために、どんな　つくりに　なって　いますか。」という「問い」に対して、例えば、「バスや　じょうよう車」の「つくり」の答えでは「その　ために、ざせきの　ところが、ひろく　つ

くって　あります。／そとの　けしきが　よく　見えるように、大きな　まどが　たくさん　あります。」と答えが見つかります。

三つ目は、「答え」の部分が、「しごと」と「つくり1」「つくり2」という述べ方になっているので、同じパターンで読み取れるようにしています。

四つ目は、説明するじどう車の順序を工夫しています。「バスや　じょうよう車」「トラック」「クレーン車」の順に子どもにとっては、よく知っているもの、身近なものから説明を始めています。また、「バスや　じょうよう車」は人を運ぶしごと、「トラック」はものを運ぶしごと、「クレーン車」はものをつり上げるしごとというように子どもにとって身近な運ぶしごとから説明を始めています。

第6章　教材研究&実践〈説明文〉

2 「たんぽぽの　ちえ」（2年生）の教材研究実践ガイド

文章の構成を読む

「たんぽぽの　ちえ」（光村図書『こくご二上』令和六年度版）は、たんぽぽの花が咲くころから種を飛ばすまでのなかまが増えていく過程を時間の順序にしたがって述べた文章です。この文章には「問い」がありません。1段落には「春に　なると、～　花が　さきます。」とあり、2段落はそれを受けて、「二、三日　たつと、～　くろっぽい　色に　かわって　いきます。」と述べられています。題名の「たんぽぽの　ちえ」が「問い」の役割を果たしています。1段落は前書き・話題提示のようにも思えますが、2段落とのつながりを考えるとそうではありません。10段落で「このように、たんぽぽは、いろいろな　ちえを　はたらかせて　います。」とまとめていて、題名の「たんぽぽの　ちえ」と10段落が対応しています。

この文章は、時間の順序に着目して読み取ることが大事です。1段落「春に　なると」、2段落「二、三日　たつと」、4段落「やがて」、6段落「この　ころに　なると」、8段落「よく　晴れて、風の　ある　日には」、9段落「しめり気の　多い　日や、雨ふりの　日には」に着目します。時間を表す言葉に着目すると、たんぽぽの様子が時間経過によって変化することがわかり、たんぽぽの様子が五つに分けられることが見えてきます。ただし、8段落と9段落は時間経過による変化ではなく、「よく

まとめ	たんぽぽの様子				
	たんぽぽの様子5（ちえ4）	たんぽぽの様子4（ちえ3）	たんぽぽの様子3（ちえ2）	たんぽぽの様子2（ちえ1）	たんぽぽの様子1
10 （このように、）たんぽぽは、いろいろな ちえを はたらかせて なかまを ふやす。	8 （よく 晴れて 風の ある 日には、）たねを とばす。 9 （しめり気の 多い 日や、雨ふりの 日には、）わた毛が すぼむ。	6 7 （この ころに なると、）じくが おき上がり、のびる。	4 5 （やがて、）花は かれ、わた毛が できる。たねを とばす。	2 3 （二、三日 たつと、）花は しぼみ、じくは たおれる。	1 （春に なると、）花が さく。

題名「たんぽぽの　ちえ」とまとめが
対応していることを押さえることが大事です

「たんぽぽの様子」の変化は時間を表す言葉に
着目すると、5つに分かれることがわかります

晴れて、風の　ある　日」と「しめり気の　多い　日や、雨ふりの　日」のたんぽぽの様子を述べています。

10段落は、「このように、たんぽぽは、いろいろな　ちえを　はたらかせて　います。」と抽象的に述べて、1段落~9段落の内容のまとめになっています。

段落どうしの関係を読む

「たんぽぽの様子2」は、2段落で花はしぼんで黒っぽくなり、花のじくは地面に倒れてしまうとたんぽぽの変化を述べています。3段落では、それは、花とじくを休ませ、たねに栄養を送っているのであると詳しく説明しています。たねに栄養を送り、たねをどんどん太らせることが、一つ目のたんぽぽのちえです。

「たんぽぽの様子3」は、4段落で花はかれて、白いわた毛ができると述べ、5段落ではそのわた毛は「らっかさんのように」なっていると比喩で説明しています。たねをわた毛につけて飛ばすことが、二つ目のたんぽぽのちえです。

「たんぽぽの様子4」は、6段落で花のじくが起き上がり、伸びていくと述べ、7段落でせいを高くするのは、たねを遠くまで飛ばすためであると説明しています。たねを遠くまで飛ばすために、花のじくが伸びていくことが、三つ目のたんぽぽのちえです。

「たんぽぽの様子5」では、8段落でよく晴れて、風のある日には、わた毛を開いて飛んでいくことを述べ、9段落では湿り気の多い日や、雨ふりの日には、わた毛はすぼんでしまうことを述べ、対比して説明しています。天候によってわた毛の開き方を変えることが、たんぽぽの四つ目のちえです。

文章の工夫を読む

「たんぽぽの　ちえ」には、次のような述べ方の工夫があります。

一つ目は、時間の順序にしたがって、たんぽぽが変わっていく様子が述べられているので、わかりやすい説明になっています。

二つ目は、「たんぽぽの　ちえ」と擬人化した表現や「らっかさんのように」と比喩表現が使われていて、子どもたちにわかりやすく、親しみがもてる説明になっています。

三つ目は、「よく　晴れて、風の　ある　日」と「しめり気の　多い　日や、雨ふりの　日」を対比することで、両者のちがいをわかりやすく説明しています。

3 「すがたをかえる大豆」（3年生）の教材研究実践ガイド

文書の構成を読む

「すがたをかえる大豆」（光村図書『国語三下』令和六年度版）は、大豆がどのように食べられてきたかの工夫について述べた文章です。説明文の構成は「はじめ――なか――おわり」の三部構成になっていることが一般的です。この文章の場合、「はじめ」が1段落だけなのか、1段落・2段落なのかで迷います。この文章の「はじめ」には、問いがありません。そのかわり話題提示があります。1段落⑥文の「大豆は、いろいろな食品にすがたをかえていることが多いので気づかれないのです。」を話題提示と見れば、1段落が「はじめ」ということになります。しかし、2段落⑥文に「そのため、昔からいろいろ手をくわえて、おいしく食べるくふうをしてきました。」とあり、これも話題提示のように見えます。そうすると、1段落・2段落が「はじめ」ということになります。1段落⑥文と2段落⑥文は、とても似ていて、ほぼ同じことを述べています。したがって、「はじめ」は1段落・2段落です。「いろいろ」という言葉を使って総論を述べています。3段落からは各論になっていて、具体的な「くふう」を述べています。

「おわり」は、8段落で「このように、大豆はいろいろなすがたで食べられています。」とまとめています。また、「おわり」は、「はじめ」の「大豆は、いろいろな食品にすがたをかえていること」と「昔

おわり	なか					はじめ
8	7 〜 3					2 1
	なか5	なか4	なか3	なか2	なか1	
まとめ 大豆はいろいろなすがたで食べられている。	7（くふう5）とり入れる時期や育て方のくふう。	6（くふう4）小さな生物の力をかりて、ちがう食品にするくふう。	5（くふう3）えいようをとりだして、ちがう食品にするくふう。	4（くふう2）こなにひいて食べるくふう。	3（くふう1）その形のままやわらかく、おいしくするくふう。	話題提示 昔からいろいろ手をくわえて、おいしく食べるくふうをしてきた。

まずはじめに、「はじめ――なか――おわり」の3つに文章を分けます

次に、「なか」を「くふう」という言葉に着目して、5つに分けます

からいろいろ手をくわえて、おいしく食べるくふうをしてきました。」と対応しています。

「はじめ――なか――おわり」が読み取れたら、次に「なか」を「なか1」「なか2」「なか3」……といくつかのまとまりに分けます。「なか」を分ける際には、話題提示と対応させて考えることが大事です。2段落⑥文は「そのため、昔からいろいろ手をくわえて、おいしく食べるくふうをしてきました。」と「くふう」について述べています。したがって、「くふう」に着目して分けると、全部ちがう「くふう」なので、「なか1」「なか2」「なか3」「なか4」「なか5」の五つに分けられます。「なか」を分ける際には、各段落の書き出しである「いちばん分かりやすいのは」「次に」「また」「さらに」「これらのほかに」に着目することも大事です。

各段落の中心になる文を見つける

「はじめ」の中心になる文は、1段落では⑥文の「大豆は、いろいろな食品にすがたをかえていることが多いので気づかれないのです。」、2段落では⑥文の「そのため、昔からいろいろ手をくわえて、おいしく食べるくふうをしてきました。」です。

「なか」では、各段落の①文に「〜くふうが（も）あります。」というまとめの提示があり、2文目以降でさらに具体的な説明を始めます。したがって、各段落とも①文が中心になる文です。

「おわり」の8段落は、①文で「このように、大豆はいろいろなすがたで食べられています。」とまとめ、②文と③文で「多くの食べ方がくふうされてきた」理由が述べられています。④文は、「大豆のよいところに気づき、食事に取り入れてきた昔の人々のちえにおどろかされます。」と筆者の感想を述べています。したがって、中心になる文は①文の「このように、大豆はいろいろなすがたで食べられています。」です。

文章の工夫を読む

「すがたをかえる大豆」には、次のような述べ方の工夫があります。

一つ目は、「多くの人が〜なんだか分かりますか。」と呼びかけて、読み手の興味や関心を引く工夫です。

二つ目は、一つの段落に一つの工夫が書いてあり、わかりやすい段落構成になっています。

三つ目は、「豆まきの豆、に豆」のように身近なもの、知っているものから説明を始めています。

四つ目は、説明する順序を工夫しています。すなわち、「大豆だとわかるものからわからないものへ」「手のくわえ方が少ないものから多いものへ」「加工するのに時間がかからないものからかかるものへ」という順序で述べています。ただし、植物のダイズは食品の加工ではないので最後に述べています。

五つ目は、説明する食品や植物の写真を載せてわかりやすくしています。とくに、「とうふ」は三枚の写真で作り方を説明しています。

4 「アップとルーズで伝える」（4年生）の教材研究実践ガイド

文章の構成を読む

「アップとルーズで伝える」（光村図書『国語四上』令和六年度版）は、「はじめ――なか――おわり」の三部構成です。「はじめ」は1段落～3段落です。1段落ではルーズについて、2段落ではアップについてそれぞれ説明して、3段落で「アップとルーズでは、どんなちがいがあるのでしょう。」と問題を提示しています。

「なか」は、それに答えている4段落から7段落までです。「なか1」は4段落から6段落までで、4段落と5段落は、テレビ映像のアップの長所と短所、ルーズの長所と短所を述べています。アップとルーズの説明の際に、「～見てみましょう。」「～よく分かります。」「～分かりません。」と同じ書き方で述べています。そのため、アップとルーズを説明している段落どうしが対比的な関係にあることがすぐつかめます。また、それぞれの段落の内容も容易につかむことができます。6段落は、4段落と5段落で述べたことを、「このように、アップとルーズには、それぞれ伝えられることと伝えられないことがあります。」とまとめています。

「なか2」は7段落で、新聞で使われる写真のアップとルーズについて述べています。そして、4段落から6段落で述べたテレビ映像のアップとルーズと同様のことがいえると述べています。

おわり	なか		はじめ
8	7 ～ 4		3 ～ 1
まとめ	なか2 7	なか1 6 ～ 4	問題提示
テレビ映像・新聞写真では受け手と送り手を考えて、アップとルーズを選んでいる。	新聞写真のアップとルーズを目的に合わせて選んでいる。	テレビ映像のアップとルーズには、それぞれ長所と短所がある。	アップとルーズでは、どんなちがいがあるのか。

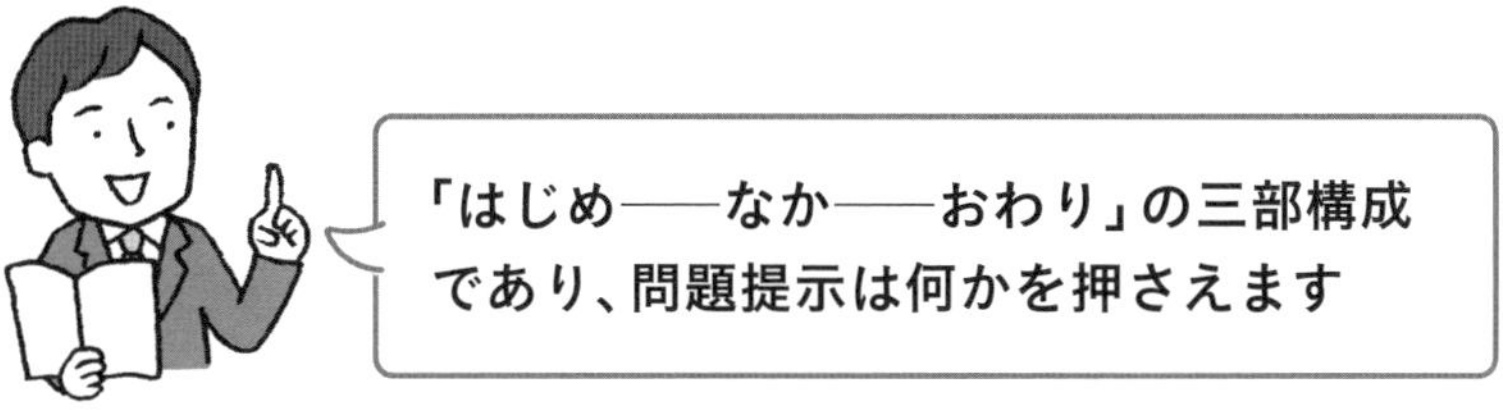
「はじめ――なか――おわり」の三部構成であり、問題提示は何かを押さえます

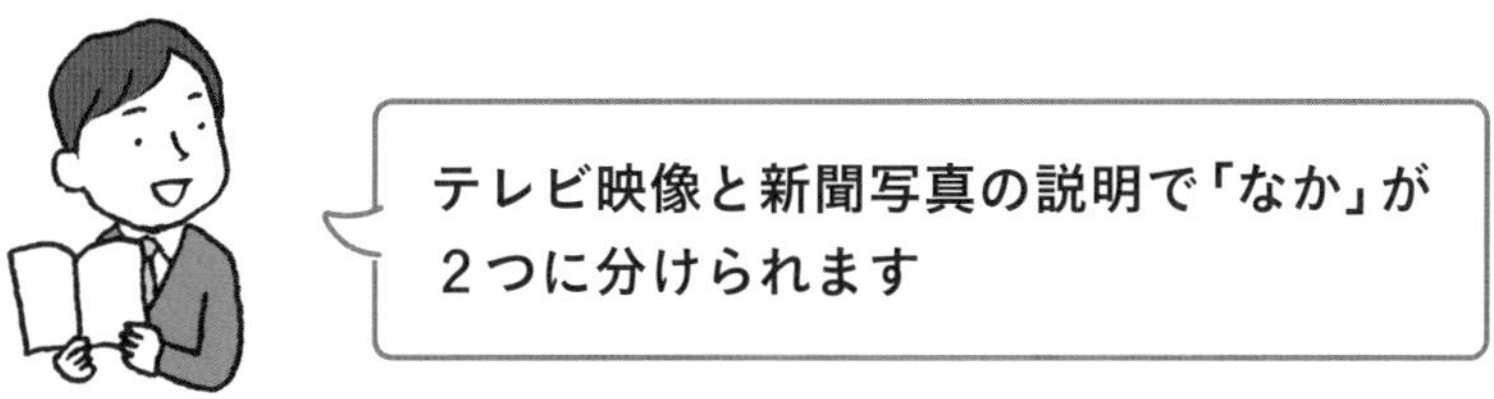
テレビ映像と新聞写真の説明で「なか」が2つに分けられます

「おわり」は8段落です。「テレビでも新聞でも」と述べているので、「なか1」「なか2」のまとめになっています。そして、情報を伝える側のテレビ映像や新聞写真の選び方についてまとめがされています。

段落どうしの関係、文どうしの関係を読む

「はじめ」は1段落から3段落までですが、中心になる段落は3段落です。1段落と2段落は「ルーズ」「アップ」というテレビ映像の撮り方から伝えられることを説明しています。それを受けて、3段落の③文で「アップとルーズでは、どんなちがいがあるのでしょう。」と問題を提示しています。そして、3段落の中には三つの文がありますが、この③文が中心になる文です。

「なか1」は、4段落から6段落までです。4段落は④文でアップでとる長所を述べ、⑤文の「しかし」という逆説をはさんで、⑦文でアップでとる短所を述べています。5段落でも同様に、⑤文でルーズでとる長所を述べ、⑥文で「でも」という逆説をはさんでルーズでとる短所を述べています。6段落の①文の「このように」は、4段落と5段落の内容を受けてまとめているので、6段落が「なか1」の中心になる段落になります。そして、6段落の中心になる文は①文です。②文は①文「アップとルーズには、それぞれ伝えられることと伝えられないことがあります。」の結果になります。

「なか2」は7段落です。一つしか段落がないので、7段落が中心になる段落です。7段落には、文が五つありますが、新聞写真を取り上げて、テレビ映像と同様に「目的にいちばん合うものを選んで使うようにしています。」と述べている⑤文が中心になる文です。

「おわり」は8段落で、①文「テレビでも新聞でも、～　選んだりしているのです。」が「なか1」「なか2」の内容のまとめになっています。この①文が中心になる文です。

文章の工夫を読む

「アップとルーズで伝える」には、次のような述べ方の工夫があります。

一つ目は、写真が効果的に使われていることです。はじめの見開きの二つのページの右にサッカーの試合の広いコートを写したルーズの写真、左に二人のサッカー選手に絞ったアップの写真が載っています。次の見開き二ページには別のアップとルーズの写真が載っています。これらの写真と文章を対応させて述べているので、たいへんわかりやすくなっています。このことは、写真と文章の内容を密接にかかわらせながら読む練習にもなります。

二つ目は、アップとルーズのそれぞれの長所と短所が、対比的に述べられているので、文章の内容が理解しやすくなっています。また、この文章の題名「アップとルーズで伝える」も「アップ」と「ルーズ」という対比を取り上げた題名になっています。

5 「想像力のスイッチを入れよう」(5年生)の教材研究実践ガイド

文章の構成を読む

「想像力のスイッチを入れよう」(光村図書『国語五』令和六年度版)は、ジャーナリストの下村健一が、情報を受け取る側が思い込みを減らすためには、頭の中で「想像力のスイッチ」を入れてみることが大切であると主張している文章です。この文章では、「はじめ」と「おわり」に、「想像力のスイッチ」を入れてみることが大切であるという筆者の主張が述べられており双括型の説明的文章になっています。

「はじめ」は、1段落から6段落までです。1段落から3段落ではマラソン大会の例、4段落ではメディアの例、5段落では図形の例を挙げて、話題提示をしています。6段落ではこれを受けて「想像力のスイッチ」を入れてみることが大切であると主張しています。

「なか」は、7段落から14段落までです。「なか1」は、7段落から11段落までです。「想像力のスイッチ」を入れるときに、結論を急がないことが大切であると述べています。そのためには、「まだ分からないよね。」「事実かな、印象かな。」「他の見方もないかな。」と考えてみようと述べています。「なか2」は、12段落です。「想像力のスイッチ」を入れるときに、伝えていないことにも想像力を働かせることが大切であると述べています。そのためには、「何がかくれているかな。」と考えてみようと述べてい

おわり	なか			はじめ
16 15	14 ～ 7			6～1
筆者の主張	なか3 14 13	なか2 12	なか1 11～7	話題提示 筆者の主張
「想像力のスイッチ」を入れる努力が必要である。	だれかを苦しめたり、だれかが不利益を受けたりすることが起こりうる。	伝えていないことにも想像力を働かせることが大切である。 ・「何がかくれているかな。」と想像する。	結論を急がないことが大切である。 ・「まだ分からないよね。」と考える。 ・「事実かな、印象かな。」と考える。 ・「他の見方もないかな。」と想像する。	「想像力のスイッチ」を入れてみることが大切である。

「はじめ」と「おわり」に、筆者の主張が述べられている双括型の文章であることを押さえます

「なか」には、「想像力のスイッチ」を入れるときの考え方が4つあることを押さえます

ます。「なか3」は、13段落と14段落です。「想像力のスイッチ」を入れないと、「思い込みや推測によってだれかを苦しめたり、だれかが不利益を受けたりすることは、実際に起こりうる」と述べています。

「おわり」は、15段落と16段落です。「なか1」「なか2」「なか3」で述べてきたことを受けて、「想像力のスイッチ」を入れる努力が必要であると、再度筆者の主張を述べています。

段落どうしの関係、文どうしの関係を読む

「はじめ」は、1段落から6段落までですが、中心になる段落は6段落です。1段落から3段落のマラソン大会の例、4段落のメディアの例、5段落の図形の例を「このような思いこみ」という言葉でまとめ、6段落で筆者の主張を述べているからです。①文「このような思いこみを減らすため、〜頭の中で、『想像力のスイッチ』を入れてみることが大切なのである。」は、中心になる文でもあります。

「なか1」は、7段落から11段落までです。中心になる段落は、①文で「まず大切なのは、結論を急がないことだ。」と述べている8段落です。そして、この①文が中心になる文です。

「なか2」は、12段落が中心になる段落です。そして、①文の「さらに大切なのは、メディアが伝えたことについて冷静に見直すだけでなく、伝えていないことについても想像力を働かせることである。」が中心になる文です。

「なか3」は、13段落と14段落です。13段落は、サッカーチームの監督であるAさんが不利益を受けた事例を示し、14段落では②文で「このように、思いこみや推測によってだれかを苦しめたり、だれかが不利益を受けたりすることは、実際に起こりうるのだ。」と筆者の考えを述べています。したがっ

て、14段落が中心になる段落で、この②文が中心になる文です。

「おわり」は、15段落と16段落で筆者の主張を述べています。15段落は発信者も受信者も思い込みを防ぐ努力が必要であると述べ、16段落はそれを受けて、①文で「あなたの努力は、『想像力のスイッチ』を入れることだ。」と主張しています。したがって、16段落が中心になる段落で、この①文が中心になる文です。

文章の工夫を読む

「想像力のスイッチを入れよう」には、次のような述べ方の工夫があります。

一つ目は、「はじめ」に筆者の主張が提示されているので、これから何を述べようとしているのかが明確なことです。

二つ目は、「想像力のスイッチ」を入れる際の考え方が「まだ分からないよね。」「事実かな、印象かな。」などと平易な話し言葉で書かれているので、わかりやすいことです。

三つ目は、マラソン大会やメディア、図形といった具体例が「はじめ」に述べられているので、読者の関心を引きつけ、筆者の主張にうまくつなげていることです。

四つ目は、「はじめ」と「おわり」に筆者の主張がくり返し述べられているので、主張がとらえやすいことです。

6

「『鳥獣戯画』を読む」（6年生）の教材研究実践ガイド

文書の構成を読む

「『鳥獣戯画』を読む」（光村図書『国語六』令和六年度版）は、筆者の高畑勲が蛙と兎が相撲をとっている場面を取り上げ、さまざまな視点から絵を読み解き、作品のすばらしさを論証している説明的文章です。この文章には、「はじめ」には問いなどで文章全体の方向性を示す文がありません。代わりに「『鳥獣戯画』を読む」という題名が話題を示しています。

「なか」は、1段落から8段落までです。「なか1」は、1段落から3段落までです。蛙と兎が相撲をとっている場面の絵は抑揚のある線と墨の濃淡で描き、骨格、手足、毛並みを正確に書いているので、みんな躍動していると解説しています。そして、この絵は『鳥獣戯画』の一場面で、「漫《まん》画の祖」とも言われる国宝の絵巻物であると評価しています。

「なか2」は、4段落から7段落までです。絵巻物を右から左へと巻いていくと、一枚目の絵が二枚目の絵に移っていき、蛙や兎の動きを生み出し、時間が流れていくという効果があることを述べています。

「なか3」は、8段落で『鳥獣戯画』がつくられた時代の絵巻物から江戸時代、昭和時代を経て今日までの歴史を概観しています。そして、「十二世紀から今日まで、言葉だけでなく絵の力を使って物語を語るものが、とぎれることなく続いているのは、日本文化の大きな特色なのだ。」と述べ、十二世紀

おわり	なか			はじめ
9	8 ～ 1			
	なか3 8	なか2 7～4	なか1 3～1	なし
『鳥獣戯画』は国宝、人類の宝	『鳥獣戯画』の歴史的な位置づけ	『鳥獣戯画』の絵が一枚目から二枚目に移っていくことの効果	『鳥獣戯画』の一枚目の絵の解説と評価	

「はじめ」がなくて、題名「『鳥獣戯画』を読む」が話題を提示していることを押さえます

「なか1」「なか２」は、『鳥獣戯画』のどの部分の絵を解説しているかをもとにして分けます

に描かれた『鳥獣戯画』の歴史的な位置づけについて述べています。

「おわり」は、9段落です。「なか1」「なか2」「なか3」で述べてきたことをまとめたうえで、『鳥獣戯画』は、だから、国宝であるだけでなく、人類の宝なのだ。」と結論づけています。

段落どうしの関係、文どうしの関係を読む

「なか1」は、1段落から3段落までです。1段落は、「はっけよい、のこった。」と、読者を一気に相撲の世界に引き込み、「蛙が外掛《が》け、すかさず兎は　～　ひるんだところを蛙が——。」と臨場感あふれる描写がされています。2段落は、その絵巻物に描かれている絵の特徴や評価が述べられています。これを受けて、3段落の②文で『鳥獣戯画』は、「漫画の祖」とも言われる」と述べています。したがって、中心になる段落は3段落で、この文が中心になる文です。

「なか2」は、4段落から7段落までです。4段落は、蛙と兎が相撲をとっている絵から蛙が兎を投げ飛ばした絵を続けて見ると、動いて見えて「アニメの原理と同じだ」と述べています。このことから、④文で「『鳥獣戯画』は、漫画だけでなく、アニメの祖でもあるのだ。」と筆者の考えを述べています。5段落と6段落は、蛙が兎を投げ飛ばした絵について具体的に解説して、筆者の絵の解釈が示されています。これを受けて、7段落の①文で「絵巻の絵は、くり広げるにつれて、右から左へと時間が流れていく。」と絵巻物の特徴をまとめています。したがって、中心になる段落は7段落で、この文が中心になる文です。

「なか3」の8段落は①文～④文で『鳥獣戯画』などの絵巻物に始まり、絵本や写し絵、紙芝居、漫画やアニメーションが登場した今日までの歴史が述べられています。そして、⑤文で「十二世紀か

ら今日まで、言葉だけでなく絵の力を使って物語を語るものが、とぎれることなく続いているのは、日本文化の大きな特色なのだ。」と筆者の考えを述べていて、この文が中心になる文です。

「おわり」の9段落は⑥文が中心になる文で、『鳥獣戯画』は、だから、国宝であるだけでなく、人類の宝なのだ。」と結論づけています。

文章の工夫を読む

『鳥獣戯画』を読む」には、次のような述べ方の工夫があります。

①表現の工夫

・「はっけよい、のこった。」「すかさず」「なんと」「おっと」「がぶりと」など、相撲の実況中継のような臨場感があり、読者を引きつける表現になっています。
・「めくってごらん。」「どうだい。」などと読者に呼びかける表現になっています。
・文末を「返し技《わざ》」「かわず掛け」など体言止めにして強調し、リズムをもたせています。

②構成の工夫

・「はじめ」がなく、いきなり絵の内容の説明から入って、興味が引きつけられるようにしています。
・一枚の絵なのに、わざと分けて示して解説し、再度全体を示して絵のすばらしさを伝えています。
・「いったいこれはなんだろう。」と読者に問いかけて、「けむりかな、」「息かな。」と二つの可能性を示して、読者の関心を引きつけています。

第6章 教材研究&実践〈説明文〉

【著者紹介】

加藤辰雄（かとう たつお）

1951年生まれ。三重大学教育学部卒業後、名古屋市立小学校教諭を経て、愛知県立大学非常勤講師を務める。「読み」の授業研究会運営委員。

【著書】

『本当は国語が苦手な教師のための国語授業のつくり方　小学校編』（2015年）
『本当は国語が苦手な教師のための国語授業のアクティブ・ラーニング　小学校編』（2016年）
『本当は国語が苦手な教師のための国語授業の板書・ノート指導　小学校編』（2018年）
『本当は国語が苦手な教師のための国語授業の発問テクニック 小学校編』（2021年）
『どの子も夢中で考えたくなる！　対話でつくる国語授業』（以上学陽書房、2022年）
『国語力をつける説明文・論説文の「読み」の授業』（共著、2016年）
『「ごんぎつね」の読み方指導』（共著、1991年）
『「大造じいさんとがん」の読み方指導』（以上明治図書、共著、1993年）
『科学的な「読み」の授業入門　文学作品編』（東洋館出版社、共著、2000年）
『「アクティブ・ラーニング」を生かしたあたらしい「読み」の授業』（共著、2016年）
『国語の授業で「主体的・対話的で深い学び」をどう実現するか』（共著、2017年）
『国語の授業で「深い学び」をどう実現していくか』（共著、2018年）
『国語の授業で「言葉による見方・考え方」をどう鍛えるのか』（共著、2019年）
『国語の授業で「対話的な学び」を 最大限に生かす』（共著、2021年）
『「対話的で深い学び」を生み出す国語科の教材研究力』（共著、2022年）
『「深い学び」を生み出す国語授業の発問・助言・学習課題』（以上学文社、共著、2023年）
『国語の本質がわかる授業②　ことばと作文』（共著、2008年）
『国語の本質がわかる授業④　文学作品の読み方１』（以上日本標準、共著、2008年）
『必ずうまくいく朝の会・帰りの会　18のヒケツ41のアイデア 小学校』（2013年）
『必ずうまくいく係活動　21のヒケツ20のアイデア 小学校』（以上フォーラム・A、2013年）
『学校を飾ろうよ　空間・壁面構成と立体工作のアイデア』（共著、2001年）
『教室を飾ろうよ　空間・壁面構成のアイデア　春・夏』（2001年）
『教室を飾ろうよ　空間・壁面構成のアイデア　秋・冬』（2001年）
『新版「１年生を迎える会」「６年生を送る会」を創ろうよ』（2002年）
『楽しい全校集会を創ろうよ　シナリオ版』（2004年）
『誰でも成功する学級づくりのキーポイント　小学校』（2003年）
『誰でも成功する子ども集団の動かし方』（2004年）
『誰でも成功する小学１年生の指導』（2005年）
『誰でも成功する小学２年生の指導』（2007年）
『誰でも成功する小学３年生の指導』（2006年）
『誰でも成功する小学４年生の指導』（2009年）
『誰でも成功する小学５年生の指導』（2007年）
『誰でも成功する小学６年生の指導』（2008年）
『誰でも成功する板書のしかた・ノート指導』（2007年）
『誰でも成功する発問のしかた』（2008年）
『誰でも成功する授業での説明・指示のしかた』（2009年）
『誰でも成功する授業ルールの指導』（2010年）
『誰でも成功するはじめての学級担任』（2011年）
『誰でも成功する学級のシステム＆ルールづくり』（2012年）
『誰でも成功する学級のまとめ方・育て方』（2013年）
『誰でも成功する言語力を高める話し合い指導』（2014年）
『クラス全員を授業に引き込む！　発問・指示・説明の技術』（2015年）
『「気になる子」のいるクラスが驚くほどまとまる授業のつくり方』（以上学陽書房、2015年）などこれだけ押さえればうまくいく！
教師1年目の国語授業のつくり方

2024年3月7日　　初版発行

著者　加藤辰雄《かとうたつお》

ブックデザイン　能勢明日香
DTP制作　スタジオトラミーケ
イラスト　坂木浩子
発行者　佐久間重嘉
発行所　株式会社 学陽書房
東京都千代田区飯田橋1-9-3　〒102-0072
営業部　TEL03-3261-1111　FAX03-5211-3300
編集部　TEL03-3261-1112　FAX03-5211-3301
http://www.gakuyo.co.jp/
印刷　加藤文明社
製本　東京美術紙工

ISBN978-4-313-65504-1　C0037

乱丁・落丁本は、送料小社負担にてお取り替えいたします。
定価はカバーに表示してあります。